글로벌 **비즈니스**를 **성공**으로 이끄는

BUSINESS ENGLISH E·MAIL WRITING

비즈니스 영어 이메일 작성법

IIDA TAKEO(이이다 타케오)

- 일본 메이지대학교 상학부 졸업
- 일본 메이지대학교 대학원 정치경제학연구과 석사과정 수료
- 호주 라트로브대학교 대학원 박사과정 수료(Ph.D)
- 현재 일본 타마대학교 경영정보학부 교수(다국적기업론, 산업사회학)

글로벌 비즈니스를 성공으로 이끄는
BUSINESS ENGLISH E·MAIL WRITING
비즈니스 영어 이메일 작성법

초판 인쇄일 | 2012년 3월 2일
초판 발행일 | 2012년 3월 10일
지은이 | IIDA TAKEO
감수 | (주)TG영어연구소 염인호
발행인 | 박정모
발행처 | 도서출판 혜지원
주소 | 서울시 동대문구 장안1동 420-3호
전화 | 02)2212-1227
팩스 | 02)2247-1227
홈페이지 | http://www.hyejiwon.co.kr

편집진행 | 김형진, 이희경
본문디자인 | 박혜경
표지디자인 | 박혜경
영업마케팅 | 김남권, 황대일, 서지영
ISBN | 978-89-8379-705-6
정가 | 11,000원

Copyright©2012 by IIDA TAKEO All rights reserved.
Korean Translation Copyright © 2012 by Hyejiwon Publishing

No Part of this book may be reproduced or transmitted in any form,
by any means without the prior written permission of the publisher.
이 책은 저작권법에 의해 보호를 받는 저작물이므로 어떠한 형태의 무단 전재나 복제를 금합니다.

● 잘못 만들어진 책은 구입하신 서점에서 교환해 드립니다.

글로벌 비즈니스를 성공으로 이끄는

BUSINESS ENGLISH E·MAIL WRITING

비즈니스 영어 이메일 작성법

IIDA TAKEO 지음

혜지원

머리말

모든 생각을 영어로 먼저!

저는 1970년대 말부터 80년대 중반까지 오스트레일리아 멜버른에 있는 라트로브 대학에서 유학했습니다. 사회학을 전공했기 때문에 자연히 논문 집필이 중요한 과제였습니다. 이 대학의 좋은 점은 유학생들을 위한 교육 시스템의 하나로 교육학부의 담당교수가 에세이나 논문 등의 아웃라인 집필을 개인교습 형식으로 도와주는 것이었습니다. 저도 이 서비스를 일주일에 한 번, 한두 시간씩 무려 5년간이나 받았습니다. 이렇게 보낸 5년은 때론 무미건조하고 지루하게 느껴졌지만, 영작문 실력 향상에는 큰 도움이 되었습니다.

처음 1년간 교수님은 항상 내게 "너는 영작을 할 때 모국어로 먼저 생각한 다음 영어로 쓰기 때문에 문장의 의미가 명확하지 않다"라든지, "모국어의 어순이 머리에 먼저 떠올라 영어 문장의 앞뒤 맥락이 없어 명확한 의미전달이 어렵다. 너의 영어는 Jumping English(건너뛰기 영어)다"라고 말씀하셔서 모처럼 힘들게 써놓은 영작문을 폐기처분해야만 했습니다.

그러나 2, 3년이 지나자 "네 문장이 점점 영어다워지는군" 하시며 칭찬을 하셨습니다. 5년 정도가 지난 후에는 영어논문을 읽으면 "이 논문은 영어가 모국어가 아닌 사람이 집필한 것이다"라는 판단을 할 수 있을 정도가 되었습니다.

저의 영작능력이 이러한 수준에 도달하는 데 무엇이 가장 큰 영향을 끼쳤을까요? 그것은 바로 국어와 영어의 기본구조가 전혀 다르다는 사실을 깨달은 것입니다.

5년간의 영작문 훈련은 모든 생각을 영어로 먼저 하고, '모국어로 생각하지 않는 일'에 익숙해지는 훈련이었을지도 모릅니다. 모국어로 생각하지 않는다는 것은 영어의 기본구조를 바탕으로 문장을 다듬는 것을 말합니다. 본 책은 영어의 기본구조를 바탕으로 한 영작 훈련을 목적으로 하고 있습니다. 그런 점에서 본 책은 모든 사고를 철저히 영어적인 표현으로 바꾸는 연습을 하는 데 중점을 두었습니다.

또한 본 책은 일본 타마대학교 종합연구소 국제경영센터의 외국계 기업 연수용 영작문 텍스트를 토대로 작성되었습니다. 따라서 실질적인 수업을 통해 분석한 '우리가 자주 범하는 영문 작성의 오류'를 충분히 고려하여 집필했습니다.

전 세계에 수많은 영어 이메일에 관한 책들이 있지만, 우리식 표현을 피한 영어다운 문장 작성 능력의 향상을 목적으로 내건 책은 찾아보기 힘듭니다. 본 책은 펼침과 동시에 정형 패턴만을 지향하는 영문 이메일 서적들과 다르다는 것을 느낄 수 있을 것입니다. 책을 읽을 때 다음 페이지에 명시된 '영작 노하우 12계명'을 항상 되새기기 바랍니다. 영어 이메일 작성의 숙달방법은 한 번 요령을 익히면 그다지 어렵지 않습니다.

끝으로 본 책이 여러분의 영작능력 향상에 조금이나마 도움이 되길 바랍니다.

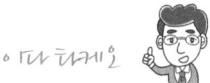

영작노하우 12계명

1 영작은 처음부터 영문으로! 우리말로 아무리 잘 써놓은 글일지라도 그 문장 그대로 영어로 옮기면 의미전달이 되지 않는 경우가 많습니다. 영어의 문장구조는 우리말과 전혀 다릅니다. 어색한 영어라도 일반회화에서는 어느 정도 의사소통이 가능할지 모르지만, 영작문을 할 때에는 글을 쓴 본인밖에 이해할 수 없는 암호가 되어버립니다.

2 비즈니스를 위한 영어 이메일은 회화가 아니다! 친근감 있는 문장은 때로 상대방에게 호감을 줄 수 있지만, 영어에서는 쓸 때와 말할 때 쓰이는 문장의 구분이 명확합니다. 회화체 문장으로 이메일을 보내는 경우 상대방에게 지나친 친밀감을 주어 실례가 될 수도 있습니다. '말하는 것처럼 쓰자(Write as you talk)'라는 말이 있지만, 비즈니스 이메일의 경우에는 말하듯 쓰는 것보다 의미가 명쾌하고 간결한 문장을 쓰는 것이 좋습니다.

3 자기 고집을 버리자! 영작의 오류를 정정하지 않고 끝까지 자신의 방식을 고집하는 사람들이 있습니다. 이러한 방법으로는 영작실력을 향상시킬 수 없습니다. 더욱 좋지 않은 습관은 첨삭을 받았을 때 자신의 인격까지 손상당했다고 느끼는 것입니다. 이와 같은 태도는 반드시 개선하고 좋은 문장을 반복적으로 받아들여 자기 자신의 실력으로 만들어야 합니다.

4 단순한 베끼기는 금물! 요즘 영작에 관한 수많은 서적이 출간되고 있습니다. 비즈니스 상황에서 일어날 수 있는 여러 가지 상황의 예문들이 제시되어있는데, 항상 그 문장만을 베껴 쓰는 방법은 영작능력 향상에 도움이 되지 않습니다. 쉽지 않겠지만 처음부터 자기 자신이 생각해낸 영어 문장으로 영작하는 습관을 기르도록 합시다.

5 번역기는 가라! 영어와 우리말은 문법구조는 물론 논리구조가 전혀 다릅니다. 따라서 자동번역기에 의존하는 습관은 아주 위험합니다. 그 이유는 컴퓨터가 문맥과 상관없이 단순히 우리말을 영어로 전환, 번역하기 때문입니다. 번역기로 번역한 영작문을 확인도 없이 메일로 발송하면 어처구니없는 문제를 초래할 수도 있습니다.

6 전화의 중요성도 인식하자! 인간은 인터넷상에서 커뮤니케이션 할 때 상대방에게 공격적인 성향을 띤다는 연구결과가 있습니다. 나아가 인터넷으로만 진행하는 비즈니스 교류의 경우, 직접 만나거나 전화를 이용한 교류의 경우보다 결렬되는 확률이 2배 이상 높다고 합니다. 따라서 전화를 이용하거나 직접 만나 회의를 하는 등 인간관계를 돈독히 하는 방법도 필요합니다.

7 **수험영어여 안녕!** 비즈니스 이메일은 여러분이 공부해온 수험영어와는 전혀 다른 성격의 문장입니다. 여러 가지 구문이나 숙어를 많이 알고 있어도 비즈니스 이메일을 잘 쓴다는 보장은 없습니다.

8 **이메일은 흔적을 남긴다!** 현대의 비즈니스 현장에서는 전화보다 이메일이 주된 의사소통 수단으로 쓰이고 있으며, 보내거나 받은 이메일은 문서로 기록됩니다. 중요한 문서를 정확하지 않은 영어로 작성해 이메일로 발송한 후 아무리 후회해도 소용없는 노릇입니다. 글을 쓰는 사람의 전문적인 지식은 물론 개인의 교양까지 평가받게 됩니다. 간혹 재판소송의 증거자료로도 쓰일 수 있습니다. 이처럼 이메일에는 생각지도 못한 함정이 도사리고 있습니다.

9 **한영사전에 지나친 의지는 금물!** 비즈니스 영어는 많은 전문용어를 필요로 합니다. 모르는 단어를 한영사전에서 찾아 그대로 메일을 작성하는 것은 대단히 위험합니다. 이러한 경우에는 가능하면 전문용어집을 사용하여 구체적으로 표현하는 것이 안전합니다.

10 **영어 표현은 우리말 표현보다 함축적이라는 것을 기억하자!** Articulate은 '(사상 등을) 명확하게 표명하다'라는 의미의 동사입니다. 그러나 '(사상 등을) 명확하게 표명하다'를 우리말로 생각하면서 영어로 작문하면 express what I am thinking clearly 라는 6개 단어가 되어버립니다. 영어에서는 긴 문장을 기피합니다. 한마디로 말할 수 있는 영어 단어를 익혀야 합니다.

11 **영문과 친구가 되자!** 영문의 숙달은 평상시 영작 기회를 적극적으로 만들고 영자신문, 잡지, 웹사이트를 자주 읽는 훈련을 통해서만 가능합니다. 이는 영어 문장을 읽고 쓰는 것이 평상시 매우 익숙하게 느껴져야 한다는 말입니다. 그리고 마음에 드는 문장을 모방해서 사용하는 습관은 여러분의 문장 패턴의 틀을 넓혀줄 것입니다.

12 **메일발송 전 확인, 또 확인!** 이메일은 짧은 시간에 간단히 보낼 수 있는 편리한 통신수단입니다. 하지만 비즈니스 메일이라면 발송 전에 문서내용을 거듭 확인하는 것이 무엇보다 중요합니다. 보내고 난 후에 하는 후회는 아무 소용없습니다. 자신이 작성한 문장이라도 발송 전에 반드시 확인하도록 합시다.

차례

Part 01 이메일 작성에 자주 사용되는 표현

Unit 01 이메일 시작과 끝맺기
~에 관해 메일을 씁니다 • 18
~에 대해 알려드리고자 메일을 씁니다 • 18
~해주셔서 감사합니다 • 19
~에 대해 알려드리고자 함입니다 • 19
부디 양해 바랍니다 • 20
~을 기다리겠습니다, ~을 기대합니다 • 20

Unit 02 문의하기
~의 기사를 보았습니다 • 21
~에 관심 있습니다 • 21
~에 관해 문의하고 싶습니다 • 21

Unit 03 자료 요청, 정보 안내
~에 관한 정보를 보내주세요 • 23
더욱 상세한 정보를 원하신다면~ • 23

Unit 04 주문과 주문 처리하기
~을 주문하겠습니다 • 24
주문 조건은~ • 24
~로 보내주세요 • 25
구입하신 물건이 ~내에 도착할 예정입니다 • 25
~을 주문해주셔서 감사합니다 • 26

Unit 05 클레임, 문제점 제시하기
~의 변상을 요구합니다 • 27
~의 이유를 알고 싶습니다 • 27
아래는 ~입니다 • 28

Unit 06 판촉 활동 및 회의, 방문 약속하기

~에 관심 없으십니까? • 29
~에 조금이라도 관심이 있으시다면, • 29
이 제품은 ~을 보장합니다 • 30
~에 만나 뵙고 싶습니다 • 30
~월 ~일, ~요일, ~시, ~에서 • 30

Unit 07 결제와 청구하기

~청구서를 보냅니다 • 31
~을 결제해 주셔서 감사합니다. 미결제 금액은 ~입니다 • 31
결제 부탁 드립니다 • 32
귀사로부터 주문을 받을 수 없습니다 • 32

Unit 08 첨부 파일 알리기

~을 첨부했습니다 • 33
첨부된 것은 ~입니다 • 33
~을 첨부했습니다 • 34
~을 첨부했습니다 • 34
~입니다 • 34

Unit 09 사과, 감사, 축하, 격려, 애도, 공감하기

~에 대하여 사과 드립니다 • 35
~하여 죄송합니다 • 35
~의 조치를 취했습니다 • 36
~에 대해 사과 드립니다 • 36
~하여 유감입니다 • 36
~에 감사합니다 • 37
~에 감사 드립니다 • 37
~을 축하합니다 • 37
~을 축하합니다 • 38
~을 확신합니다 • 38
~을 잊지 마세요 • 39
~의 명복을 빕니다 • 39
~을 이해합니다 • 40
~에 깊이 공감합니다 • 40

Unit 10 주의, 유의사항, 의사 전달하기
주의하기 바랍니다 • 41
~을 명심해주십시오 • 41
~하기로 결정했습니다 • 42

Unit 11 일정 및 결론 통보, 연락 부탁하기
~에 면접을 했으면 좋겠습니다 • 43
~라는 결론을 내렸습니다 • 43
~을 알려주세요 • 44

Unit 12 직무상의 권한 표현하기
~의 입장이 아닙니다 • 45
제 생각입니다만~ • 46

Unit 13 찬성, 반대하기
~에 적극 찬성합니다 • 47
~에 찬성하지만, ~할 사항들이 있습니다 • 48
~에 무조건 찬성하는 것은 아닙니다 • 48
~에 반대합니다 • 49
~에 반대 입장을 표명합니다 • 49

Unit 14 추천하기
~하게 되어 기쁩니다 • 50
~을 적극 추천합니다 • 50
~하게 되어 기쁩니다 • 51

Unit 15 보장, 이유 설명, 결과 예측하기
~을 보장합니다 • 52
~을 보증합니다 • 52
~하는 이유입니다 • 53
~하는 문제이므로 • 53
주된 이유는 ~입니다 • 54
~을 ~한 결과로 이끕니다 • 54

Unit 16 요점정리, 주의 환기하기
중요한 점은 ~입니다 • 55
중요한 점은 ~입니다 • 56
~에 관하여 글을 씁니다 • 56
~을 알려드립니다 • 57
반드시 ~해주십시오 • 57

Unit 17 의문 제기하기
~인지 궁금합니다 • 58
~인지 아닌지 명확하지 않습니다 • 58
저의 질문은 ~입니다 • 59

Unit 18 지시, 제안, 검토, 초빙하기
~을 해주십시오 • 60
~의 지시를 내렸습니다 • 60
~을 해야 합니다 • 61
~해주시기 바랍니다 • 61
~할 시간이 필요합니다 • 61
~이내에 답변 드리도록 하겠습니다 • 62
~을 요구해도 되겠습니까? • 62
~에 초대합니다 • 63
~에 초대해주셔서 감사합니다 • 64

Unit 19 착오 및 실수 정정, 해결책 제안하기
잘못된 정보를 보냈습니다. ~이니 오류를 정정하십시오 • 65
~의 발언은 잘못되었습니다 • 66
~에 착오가 있었습니다 • 66
~을 포함하는 것을 잊었습니다 • 67
그 문제를 해결하는 최선의 방법은 ~입니다 • 67
~에 관해 결론을 내리는 것이 좋겠습니다 • 67

Unit 20 합격 및 불합격 통지하기
~에 채용되었음을 알려드립니다 • 68
~을 알리게 되어 유감입니다 • 68

유감스럽게도 ~입니다 • 69

Unit 21	자연스러운 문장을 만드는 관용구

어떠한 사실에 근거하여 말할 때 · 70
위, 아래 내용을 참조하여 말할 때 · 74
조건이나 결과에 대해 말할 때 · 75
접속이나 화제 전환 · 78
자신의 견해나 목적을 말할 때 · 87
~에 관해 · 89
시간적 개념에 대해 말할 때 · 92

Part 02 사례로 알아보는 좋은 이메일, 나쁜 이메일

Unit 01	겉치레 인사는 필요 없다! · 104
Unit 02	지나친 겸손은 오해의 씨 · 109
Unit 03	문장의 단락을 효과적으로 이용하자! · 112
Unit 04	연속적인 부정문의 사용을 피하자! · 114
Unit 05	대명사를 활용하자! · 118
Unit 06	상대방을 배려하는 문장을 작성하자! · 121
Unit 07	수동태의 연속은 피하자! · 126
Unit 08	영어회화처럼 작문하지 말자! · 128
Unit 09	지나친 관계대명사 사용에 주의하자! · 130
Unit 10	관계부사의 사용은 금물! · 132
Unit 11	같은 의미로 반복된 표현을 피하자! · 134
Unit 12	주제를 하나로 집중시키자! · 138
Unit 13	감정적인 표현을 피하자! · 140

| Unit 14 | 난해한 문장의 사용을 피하자! • 142
| Unit 15 | 비즈니스 이메일은 간단명료하게! • 144
| Unit 16 | 논지 전개의 효과적인 방법 • 150
| Unit 17 | 적극적인 태도로 좋은 인상을 주자! • 153
| Unit 18 | 정중하게 말하자! • 158

Part 03 프로페셔널한 비즈니스 이메일 작성법

| Unit 01 | 좋은 인상을 주는 문장을 완성하자

강요하듯 말하지 말고 부드럽게 말하자 • 164
금액 청구는 간접적인 표현을 쓰자 • 166
상대가 원하는 답변이 있다면 간결하게 바로 이야기해주자 • 166
지시하거나 꾸짖는 듯한 표현은 쓰지 말자 • 168
축하할 때는 친근감 있게 하자 • 169
소비자의 시점으로 광고하자 • 170
사과는 정중하게 하자 • 171
감사 표현은 상세하게 하자 • 172
설득하는 표현은 이성적으로 하자 • 173
독촉 및 거절 표현은 부드럽게 하자 • 174

| Unit 02 | 부주의로 생기는 실수에 주의하자

이메일의 서두로 올바른 표현은 무엇일까? • 176
이메일의 끝맺음으로 적당한 표현은 무엇일까? • 176
주소, 날짜 표기법 • 177
올바른 전치사 사용하기 • 178
올바른 문장 서식 • 179
정중하게 표현하기 • 180
관련 용어 알아두기 • 180

Unit 03 정중한 표현을 지향하자

구어체와 비즈니스 이메일 구분하기 • 181
요구, 부탁하기 • 182
허락, 허가하기 • 184
제안, 추천하기 • 184
지시 및 보고하기 • 186
사과하기 • 187
소견 표현하기 • 187
거래 총액 확인하기 • 189
감사 표현하기 • 189
반대, 거절하기 • 190
정중하게 예약하기 • 191
광고, 선전하기 • 193
고객 응대하기 • 193

Unit 04 한국인들이 흔히 하는 문법적인 실수

대시(-)의 사용법 • 194
간접의문문 • 195
연대 구분하기 • 195
~부터 ~까지 • 196
시간, 날짜 표현하기 • 196
구인, 구직하기 • 197
소개하기 • 197
부탁, 요구하기 • 198
급여 표현하기 • 200
한국식 표현 자제하기 • 200
상대방의 성별을 모를 때 • 200
성격 표현하기 • 201
상사에게 혼날 때 • 202
일을 그만둘 때 • 202
메일 수신 • 202
감사 표현하기 • 203
~님 귀하 • 203
해고 관련 표현 • 203
도구 및 수단 표현 • 204

적절한 단어 사용하기 • 205

Unit 05 문장은 최대한 간결 명료하게

주의, 요구 사항 전달하기 • 206
주어 일치시키기 • 210
통보, 공지하기 • 211
견해 표명하기 • 213
약속시간 정하기 • 215
사과하기 • 215
이유 설명하기 • 216
사실적으로 표현하기 • 217
예정, 일정 표현하기 • 219
부탁하기 • 221
답변하기 • 222
판촉하기 • 222
결제 청구하기 • 223

Part 1

이메일 작성에 자주 사용되는 표현

비즈니스 이메일에는 상황에 따라 쓰이는 여러 가지 문장패턴이 존재합니다. 이 패턴들을 외워두면 비즈니스 이메일을 작성할 때 요긴하게 쓰일 것입니다.

Unit 01	이메일 시작과 끝맺기
Unit 02	문의하기
Unit 03	자료 요청, 정보 안내
Unit 04	주문과 주문 처리하기
Unit 05	클레임, 문제점 제시하기
Unit 06	판촉 활동 및 회의, 방문 약속하기
Unit 07	결제와 청구하기
Unit 08	첨부 파일 알리기
Unit 09	사과, 감사, 축하, 격려, 애도, 공감하기
Unit 10	주의, 유의사항, 의사 전달하기
Unit 11	일정 및 결론 통보, 연락 부탁하기
Unit 12	직무상의 권한 표현하기
Unit 13	찬성, 반대하기
Unit 14	추천하기
Unit 15	보장, 이유 설명, 결과 예측하기
Unit 16	요점정리, 주의 환기하기
Unit 17	의문 제기하기
Unit 18	지시, 제안, 검토, 초빙하기
Unit 19	착오 및 실수 정정, 해결책 제안하기
Unit 20	합격 및 불합격 통지하기
Unit 21	자연스러운 문장을 만드는 관용구

Unit 01 이메일 시작과 끝맺기

~에 관해 메일을 씁니다

이메일과 편지 모두에서 쓰이는 전형적인 시작 패턴입니다.

I am writing about our appointment on May 5.
우리의 5월 5일 약속에 관한 이메일을 씁니다.

I am writing to ask you when our next meeting is held.
다음 회의가 언제인지 묻기 위해 메일을 씁니다.

I am writing to ask about the credit standing of Mr. Smith.
스미스 씨의 잔고에 관해 묻기 위해 메일을 씁니다.

- '~을 위해 이메일(편지)을 씁니다'라는 표현은 I am writing에 이어 [to+동사원형]을 씁니다.

~에 대해 알려드리고자 메일을 씁니다

[Be writing to inform you of my/our intent to+동사원형] 패턴으로 메일을 보다 정중하게 시작할 때 사용합니다.

I am writing to inform you of my intent to cancel the tour plan.
여행계획을 취소하고 싶다는 것을 알려드리고자 메일을 씁니다.

~해주셔서 감사합니다

for 뒤에 명사 또는 [동사+ing]를 붙이며, 어떤 일에 대해 답례하면서 시작하는 형태입니다.

Thank you for your e-mail of May 10.
5월 10일 보내주신 이메일 감사합니다.

Thank you for ordering ten bottles.
10병을 주문해주셔서 감사합니다.

This **acknowledges** your e-mail of August 15.
보내주신 8월 15일자 이메일을 받았습니다.

• acknowledge : (편지, 소포 등을) 받았음을 알리다

~에 대해 알려드리고자 함입니다

어떤 일을 공지하기 위해 보내는 이메일로, 기업이 조직이나 개인에게 공지사항을 전달하는 이메일에 많이 사용됩니다. 개인과 개인 사이의 이메일에는 사용되는 경우가 거의 없습니다.

This is to inform you that our shop will be closed as of May 30, 2012.
2012년 5월 20일부로 저희 매장이 폐점됨을 알려드립니다.

This is to confirm that we have made reservations for you at the Seoul Prince Hotel from October 10 to 16.
10월 10일부터 16일까지 서울 프린스호텔에 예약되었음을 알리는 이메일입니다.

• confirm : ~을 확인해주다

부디 양해 바랍니다

본의 아니게 회신이 늦어진 경우 사용할 수 있는 표현입니다.

Please forgive me for not writing to you **sooner**.
답장을 더 빨리 보내지 못한 점 양해 바랍니다.

 Please **forgive** me for not e-mailing you **sooner**.
더 빨리 이메일을 보내지 못해서 죄송합니다.

• sooner 대신 earlier를 사용할 수 있지만 late는 사용할 수 없습니다.

~을 기다리겠습니다, ~을 기대합니다

이메일을 끝맺을 때 사용할 수 있는 표현입니다. 간급히 답장을 받아야 하는 경우에는 문장 끝에 soon, at your earliest convenience, right away 등의 표현을 씁니다.

I am looking forward to hearing from you.
당신의 연락을 기다리겠습니다.

Unit 02 문의하기

~의 기사를 보았습니다

'~의 기사를 보았습니다'는 항상 I saw, I noticed 또는 I learned about의 형태를 취합니다. '5월 4일자 코리아 헤럴드'라면, in the May 4 issue of "Korea Herald"가 됩니다.

I saw your advertisement in the July issue of "M&A Journal".

『M&A 저널』 7월호에 실린 귀사의 광고를 보았습니다.

~에 관심 있습니다

'~에 관심 있다, 흥미 있다'라는 표현은 be interested in입니다.

I am interested in your new software.

귀사의 신제품 소프트웨어에 관심 있습니다.

~에 관해 문의하고 싶습니다

inquire는 정중하게 문의할 때 쓰이는 표현입니다. inquire 대신 ask를 사용할 수도 있습니다.

I would like to **inquire about** the availability of your hotel facility.

호텔시설 이용에 관해 문의하고 싶습니다.

Grocery

하이픈, 대시, 괄호의 차이를 알아두면 여러분의 영작 실력 향상에 큰 도움이 됩니다. 하이픈은 brother-in-low, self-made-man과 같이 두 개 이상의 단어를 하나의 단어로 묶을 때 사용합니다. 또 time-consuming-processes(시간이 걸리는 공정), twenty-two years old (22세), blue-green eyes(청록색의 눈동자) 등과 같이 두 개 이상의 단어들이 형용사와 같은 기능을 할 때에도 사용됩니다.

대시는 문장 가운데 있는 단어(군)를 효과적으로 강조할 때 쓰입니다.

> **ex** Dust, dirt, unsanitary washroom, chemical fumes -and even noise- endangers health.
> 먼지, 오물, 비위생적인 화장실, 유독 가스 그리고 소음마저도 건강을 해칩니다.

괄호는 단어의 의미를 보충하는 경우에 사용됩니다.

> **ex** Our condominiums, which are located near recreational facilities(swimming, boating, and horseback riding) are priced for low income families.
> 저희 분양 아파트는 오락시설(수영, 보트, 승마시설)에 가까이 위치하며, 저소득 가정을 위해 가격이 책정되었습니다.

Unit 03 자료 요청, 정보 안내

~에 관한 정보를 보내주세요

information은 복수형을 취하지 않는다는 것을 꼭 기억하기 바랍니다. '~에 관한 정보'는 [information on+명사]의 형태로 표현합니다.

Would you please send me information on your investor relations?

귀사의 (투자가를 위한) 홍보 설명회에 관한 정보를 보내주시겠습니까?

더욱 상세한 정보를 원하신다면~

추가 정보를 요구하는 상대에게 응답하는 문장으로, 웹 사이트에서 더욱 상세한 정보를 입수할 수 있다는 사실을 상대방에게 알리는 표현입니다.

For further information, please visit our web site at www.abc.com.

그 이상의 정보를 원하신다면 www.abc.com에 방문해주시기 바랍니다.

Unit 04 주문과 주문 처리하기

~을 주문하겠습니다

비즈니스 이메일에서 '~를 주문하다'라는 표현으로 place an order for를 가장 많이 사용합니다. 참고로 영어 표현의 책 제목에는 " "를 달아야 합니다.

I would like to place an order for one copy of "Diplomacy" by H. Kissinger.
H. 키싱어의 『외교』를 한 권 주문하고 싶습니다.

주문 조건은~

주문할 때는 납품일을 명시하는 것이 좋습니다. 그 표현법이 The terms of order are by~이며, terms는 '조건'이라는 의미로 항상 복수형을 취합니다. terms 대신 conditions를 쓸 수 있습니다.

The terms of the order are May 21 by airmail.
항공 우편으로 5월 21일까지 납품하는 것이 주문 조건입니다.

~로 보내주세요

청구서를 발송할 주소를 확인할 때 사용하는 표현입니다.

The invoice should be send to the following address:
청구서는 아래의 주소로 보내주세요.

 지정할 인물, 회사명, 주소 등을 가리킬 때 아래와 같이 표현합니다.

HYOSUNG Trading Industry ← 회사명
Attn : Ms. James Davis ← 수신인
2-304 Yeoksam-dong, Gangnam-ku ← 상세 주소
Seoul, Korea ← 국가 및 도시

구입하신 물건이 ~내에 도착할 예정입니다

주문한 물건의 발송을 통지하는 표현입니다. You will receive your purchase within a couple of days라고 말할 수도 있지만, 구매자의 관심사가 물건의 도착날짜라면 your purchase가 주어인 문장을 사용합니다.

Your purchase will arrive within a couple of days.
구입하신 물건이 2, 3일 내에 도착할 예정입니다.

~을 주문해주셔서 감사합니다

주문을 확인하는 표현입니다. '주문해주셔서 감사합니다'라는 표현은 간단히 Thank you for ordering입니다. 간혹 주문 날짜를 함께 표기하기도 합니다.

Thank you for ordering John Smith's outstanding book, "An Introduction to Korean Cooking".
존 스미스의 양서 『한국 요리 입문』을 주문해주셔서 감사합니다.

 Thank you for your order of November 24 for ten bottles of Cabernet Sauvignon produced in Western Cape, South Africa.
11월 24일 남아프리카 웨스턴 케이프 산, 카버넷 세비뇽 10병을 주문해주셔서 감사합니다.

Unit 05 클레임, 문제점 제시하기

~의 변상을 요구합니다

제품에 대한 불만을 호소하는 문장입니다. 제품에 만족할 수 없음을 강하게 호소하는 경우에는 complaint로 표현합니다.

I would like to submit a claim regarding this product.
이 제품에 대한 변상을 요구합니다.

 I would like to make a complaint about your construction procedures.
귀사의 건설 진행 상황에 관해 문제를 제기합니다.

~의 이유를 알고 싶습니다

문제의 원인을 묻는 문장으로, '배송이 늦어진 이유에 대해 설명 바랍니다'라는 표현을 할 때는 explain을 쓸 수 있습니다.

Please let me know why the shipment was delayed.
배송이 늦어진 이유를 알고 싶습니다.

 Would you explain to me the reason why this incident happened?
이 사건이 일어난 이유를 설명해주시겠어요?

아래는 ~입니다

문제점을 구체적으로 열거할 때 사용되는 표현입니다. 이 문장은 관용적인 도치형태임을 주목하기 바랍니다.

Following is an analysis of the problem:
아래는 문제점에 대한 분석결과입니다.

 Following is an outline of major obstacles:
주된 장애요인의 개요는 다음과 같습니다.

Following is a summary of the current issues:
현재 논의 쟁점의 요약은 다음과 같습니다.

Grocery

비즈니스 영작을 할 때 번거로움 때문에 문장이나 단어를 간단하게 쓰고 싶은 것은 누구나 마찬가지일 것입니다. 아래 표현들은 이메일에 빈번히 사용되는 표현들이지만, 개인적으로 친한 친구에게만 사용하는 것이 바람직합니다. 비즈니스에서는 후자를 사용하여 뜻하지 않은 오해와 비즈니스의 실패를 피하도록 합시다.

I'm gonna → I am going to
'cause → because
ASAP → as soon as possible
Biz → Business
Thanx → Thanks
I wanna → I want to

Unit 06 판촉 활동 및 회의, 방문 약속하기

~에 관심 없으십니까?

판촉을 위한 표현으로 Would you be interested in~ '~에 관심 없으십니까?'라는 표현이 자주 사용됩니다.

Would you be interested in our latest machine?
저희 신제품에 관심 있으십니까?

~에 조금이라도 관심이 있으시다면,

잠재고객의 구매의욕을 자극하는 표현입니다. 더 적극적인 판매활동을 위해서 remotely '조금이라도'와 strongly urge '강하게 권하다'를 사용해 문장을 작성합니다.

If you are even remotely interested in our products, I strongly urge that you consider the opinions we present.
귀하께서 만약 조금이라도 관심 있으시면, 저희 제안을 적극 고려해주시길 바랍니다.

이 제품은 ~을 보장합니다

제품의 장점을 설명하는 표현입니다. '이 제품을 구입하면 ~의 이익이 있다'라고 호소하는 표현은 효과적인 판매촉진 방법의 하나입니다.

This software will ensure the security of your office computer system and ward off all viruses.

이 소프트웨어는 귀사의 시스템의 보안을 책임지며 바이러스로부터 컴퓨터를 보호할 것입니다.

~에 만나 뵙고 싶습니다

미팅을 제안하는 표현입니다. appointment는 상대방과 초면인 경우에 쓰입니다. 상대와 여러 차례 만남을 가져본 경우라면 appointment 대신 meeting을 사용합니다.

I would like to make an appointment with you on July 5.

7월 5일에 만나 뵙고 싶습니다.

 I would like to arrange a meeting with you next week.

다음 주에 만나 뵙고 싶습니다.

~월 ~일, ~요일, ~시, ~에서

구체적인 장소와 일시를 제안하는 표현입니다. 일시와 장소의 지정은 'on → 요일 → 월 → 일 → at(시간) → at(건물) → 방(층)'의 순서로 작성합니다.

Would you join us for a meeting on Friday, August 26 at 4:30 P.M. at Hanjin Building, room 365(third floor)?

8월 26일 금요일 오후 4시 30분, 한진 빌딩 365호(3층)에서 열리는 회의에 참석해주시겠습니까?

Unit 07 결제와 청구하기

~청구서를 보냅니다

청구서의 발송을 알리는 표현입니다. '500달러 청구서'는 the invoice for $500, '500달러 수표'는 the check for $500으로 표현합니다.

We send you the invoice for the total, $1,000.
합계 1,000달러의 청구서를 보냅니다.

~을 결제해 주셔서 감사합니다. 미결제 금액은 ~입니다

결제와 미결제를 확인하는 표현입니다. 보통 아래 문장에 이어 미결제 금액의 결제일을 제시하는 문장이 나옵니다.

Thank you for your payment of $10,000, received on November 28. $5,000 remains outstanding.
11월 28일 10,000달러를 결제해주셔서 감사합니다. 미결제 금액은 5,000달러입니다.

 Your next payment is due on December 28.
다음 결제일은 12월 28일입니다.

결제 부탁 드립니다

결제를 독촉하는 표현입니다.

We **ask you to settle the bill** immediately.
즉시 결제 부탁 드립니다.

 This is just a reminder to **inform you that your payment is overdue.**
이 이메일은 귀사의 미결제 상태를 확인시켜드리기 위한 것입니다.

Our records indicate that **payment has been delayed.**
저희 기록에 따르면 귀사의 결제가 지연되고 있습니다.

귀사로부터 주문을 받을 수 없습니다

연체에 의한 거래정지에 관한 표현입니다.

We cannot accept any further orders from your company, except on a cash basis until you have settled your past due bill of $20,000.
2만 달러의 채무가 현금으로 결제될 때까지 귀사로부터 주문을 받을 수 없습니다.

 We cannot accept your proposal due to the fact that payment has so often been delayed.
결제가 자주 지연되므로 귀사의 제안을 받아들일 수 없습니다.

Unit 08 첨부 파일 알리기

~을 첨부했습니다

파일 첨부의 유무를 알리는 가장 일반적인 표현입니다. 이밖의 표현으로는 I am sending the report herewith by attachment. '보고서를 첨부파일로 보냅니다.' 등이 있습니다.

I have attached my resume for your consideration.
제 이력서를 첨부했습니다. 검토바랍니다.

첨부된 것은 ~입니다

파일 첨부의 유무를 알리는 도치된 문장입니다. 도치법 문장은 자칫 상대방에게 진부한 느낌을 줄 수 있습니다. 문법적으로 틀린 문장은 아니지만 부자연스럽거나 딱딱한 인상을 줄 수 있습니다.

Attached is my resume outlining my qualification and nine years of experience as a secretary for several mid-sized companies.
첨부된 파일은 저의 자격증명서와 몇 군데 중견기업에서 9년간 비서로 재직한 경험을 포함한 이력서입니다.

~을 첨부했습니다

파일 첨부의 유무를 알리는 관용 표현입니다. 이 표현은 관용구이므로 문법적인 분석을 할 필요 없이 그대로 외워야 합니다.

Please find attached a copy of our latest catalog.
저희 회사의 최신 카탈로그를 첨부했습니다.

~을 첨부했습니다

자료를 첨부 파일로 보낼 때의 표현입니다.

Please find attached a copy of the 2012 ABC Corporation brochure.
ABC 주식회사의 2012년도 팸플릿을 첨부했습니다.

~입니다

Here is the prospectus~로 파일을 첨부한 이메일을 시작할 수도 있습니다.

Here is the 2012 XYZ International Fund **prospectus**.
2012년도 XYZ 국제기금 내용설명서입니다.

# Unit 09 사과, 감사, 축하, 격려, 애도, 공감하기

~에 대하여 사과 드립니다

실수에 대한 사과 표현입니다. We apologize for~는 We are sorry for~보다 공식적이고 정중한 표현입니다.

We apologize for this most regrettable mistake.
유감스러운 실수에 대하여 사과 드립니다.

~하여 죄송합니다

불편을 끼친 데 대한 사과 표현입니다. 이 경우에 apologies는 항상 복수형을 취합니다.

Please accept our apologies for the inconvenience.
불편을 끼쳐드려서 죄송합니다.

 호텔 등에서 내부공사로 인해 손님들에게 안내문을 공지할 때 다음과 같은 문장의 통지문을 배포합니다.

Please accept our sincere apologies for any inconvenience which the correct renovation causes you.
공사로 인해 불편을 끼쳐드려 대단히 죄송합니다.

~의 조치를 취했습니다

사과의 대처 방안에 관한 표현입니다. 실수를 저질렀을 때 사과문과 함께 쓰일 수 있습니다.

We have taken steps to ensure that this will never happen again.

이러한 일이 두 번 다시 발생하지 않도록 조치를 취했습니다.

~에 대해 사과 드립니다

발송 지연에 대한 사과 표현입니다. 보통 지연되었다는 문장을 작성할 때 late라는 단어를 떠올리는 사람이 많습니다. 하지만 late는 '(수업, 회의 등에) 늦은'이라는 뜻의 형용사이므로 이러한 문장에는 사용할 수 없습니다.

We regret that we must delay shipping some raw materials due to the computer breakdown.

컴퓨터 고장으로 인한 원자재 발송 지연에 대해 사과 드립니다.

~하여 유감입니다

배송 날짜를 맞출 수 없음을 알리는 표현입니다. We are sorry to say that이라는 표현도 가능합니다. '매우 죄송스럽다'라는 사과의 뜻을 나타낼 때는 terribly를 함께 사용해 We are terrivly sorry to say that이라고 표현합니다.

We regret to inform you that we cannot dispatch the goods by your requested date of May 5.

요구하신 제품을 5월 5일까지 배송할 수 없게 되어 유감입니다.

~에 감사합니다

고객의 관심에 대한 답례를 빼놓을 수 없습니다. 다른 표현으로 Thank you for your inquiry. '문의해주셔서 감사합니다.'가 있습니다.

We appreciate your interest in our company.

저희 회사에 관심을 가져주셔서 감사합니다.

~에 감사 드립니다

문의에 대한 감사 표현입니다. Thank you for requesting이라는 표현도 쓸 수 있습니다.

Thank you for your e-mail of May 5, 2012.

2012년 5월 5일에 보내주신 이메일 감사합니다.

 Thank you very much for requesting our 2012 company brochure.

2012년도 회사 안내책자를 요청해주셔서 감사합니다.

~을 축하합니다

판매 목표 달성을 축하하는 표현입니다. Cougratulations는 항상 복수형으로 쓰입니다. Congratulations 한 단어로도 의미는 전달할 수 있지만, 보통 Congratulations 뒤에 You have achieved your sales targets. '판매목표를 달성하셨군요.' 등의 구체적인 칭찬의 이유에 해당하는 문장이 이어집니다.

Congratulations on achieving your sales targets.

판매 목표 달성을 축하합니다.

~을 축하합니다

축사의 전형적인 표현 방법입니다. 보통 전치사 on/upon 뒤에 축하하는 이유가 이어집니다.

Please accept my congratulations on your success.
귀하의 성공을 축하합니다.

 Please accept my congratulations on your silver wedding anniversary.
귀하의 은혼식을 축하합니다.

~을 확신합니다

격려의 표현입니다. 격려 문장의 적당한 사용은 비즈니스 이메일을 부드럽게 하는 효과가 있습니다.

We are sure you will do a great job.
저희는 당신이 잘해낼 것이라고 확신합니다.

 It is encouraging to hear from you.
당신으로부터 이메일을 받으면 자신감이 생깁니다.

~을 잊지 마세요

상대방에게 도움을 주고자 할 때의 표현으로, 동료나 부하직원이 어려움에 처했을 때 격려하는 의미로 사용하기 적절한 문장입니다.

I would like you to know that I am here whenever you need any assistance or support.
도움이 필요할 때 제가 있다는 것을 잊지 마십시오.

 If there is any way I can help you through this difficult time, please **do not hesitate to call me.**
이 어려움을 극복하는 데 혹시 제가 도울 수 있는 일이 있다면 망설이지 말고 전화해주세요.

~의 명복을 빕니다

죽음을 애도하는 표현입니다. condolences는 복수형을 취합니다. 예문처럼 응용 문장과 함께 사용하는 것이 좋습니다.

Please accept my condolences on the passing of your president, Mr. John Smith.
귀사의 사장이신 존 스미스 씨의 명복을 빕니다.

 I am very sorry indeed to learn of your sad news.
당신의 슬픈 소식을 들어 유감입니다.

~을 이해합니다

상대방의 입장을 이해한다는 공감의 표현입니다. understand 대신 realize도 사용할 수 있습니다.

We understand the difficulty of your position.
당신 입장의 어려움은 이해하고 있습니다.

I realize why you are angry.
당신이 화내는 이유를 충분히 이해합니다.

I realize how you feel.
어떤 기분인지 잘 알고 있습니다.

~에 깊이 공감합니다

공감하고 있음을 알리는 표현입니다.

I deeply sympathize with you.
당신의 생각에 깊이 공감합니다.

다음은 조의를 표할 때 자주 사용되는 문장입니다.
Please accept our deepest sympathy for your great ross.
삼가 조의를 표합니다.

Unit 10 주의, 유의사항, 의사 전달하기

주의하기 바랍니다

상대방에게 주의를 주는 표현입니다. caution은 '주의, 경고'라는 의미로 warn과 비슷한 뜻입니다.

You should be cautioned that this accident must never happen again.
이런 사고가 다시는 일어나지 않도록 주의하기 바랍니다.

 The boss warned me that if I did it again, I would be demoted.
저의 상사는 또 한 번 그런 실수를 저지르면 강등시키겠다고 경고했습니다.

• warn보다 완곡한 표현으로 advise '충고하다'가 있습니다.

~을 명심해주십시오

유의사항을 상기시키는 표현입니다. 유의사항을 전달할 때 쓰는 표현은 It should be noted that~ 이외에 It should be borne in mind that~이나 Please bear in mind that~ 등이 있습니다.

It should be noted that our contract will be terminated by the end of this month.
계약 만기가 이 달 말이라는 것을 명심해주십시오.

~하기로 결정했습니다

의사결정을 하는 표현입니다.

We have decided to implement your plans.
당신의 계획대로 이행하기로 결정했습니다.

 좀 더 정중한 표현은 다음과 같습니다.

The decision has been made to abandon the project.
프로젝트의 폐기 결정이 내려졌습니다.

이밖에 decision은 사직서 작성에도 자주 사용됩니다.

My decision to leave the company is based on personal consideration.
개인적인 사유로 퇴사하겠습니다.

Grocery

이메일(electronic mail)을 영어로 표기하는 여러 가지 방법 중 옳은 것은 무엇일까요? 이메일은 Email, email, E-mail, e-mail, e·mail 등으로 다양하게 표기합니다. 모두 정답입니다. 하지만 한 번 e-mail이라고 표기했으면 그 다음에도 통일성 있게 e-mail로 표기하는 것이 좋습니다.

Unit 11 일정 및 결론 통보, 연락 부탁하기

~에 면접을 했으면 좋겠습니다

면접 일정을 통지하는 표현입니다. 아래 문장에서 가장 중요한 부분은 시간과 장소의 표현방법입니다. 월, 일, 시간, 장소의 순서로 작성하며 날짜가 표기된 경우 요일은 생략할 수 있습니다.

> We have reviewed your application and **would like to meet with you on August 15 at 5 P.M. at our head office.**
>
> 귀하의 서류를 검토하였으며, 8월 15일 오후 5시에 본사에서 면접을 했으면 합니다.

~라는 결론을 내렸습니다

결론을 통보하는 표현입니다.

> **We have concluded that** we can no longer do business with you.
>
> 귀사와 거래를 중지하기로 결론을 내렸습니다.

'~라는 결론을 내리다'라는 의미의 conclude를 사용하지 않고 다음과 같은 문장으로 사용할 수 있습니다.

> **We are coming to feel that** we have no alternative but to withdraw your company's credit privileges.
>
> 귀사의 특별 신용대출 제안을 철회하는 것 이외에 대안이 없다는 결론을 내렸습니다.

~을 알려주세요

연락을 부탁할 때 사용하는 표현입니다. 이 밖의 표현으로 keep me inform이나 keep me posted가 있습니다.

Please let me know when you arrive at Seoul.
언제 서울에 도착하는지 알려주세요.

 Please keep me informed if anything comes up with you.
무슨 일이 생기면 연락 바랍니다.

Please fill me on in the result of the election.
선거 결과를 알려주십시오.

Unit 12 직무상의 권한 표현하기

~의 입장이 아닙니다

자신에게 권한이 없음을 전달하는 표현입니다. in a position은 '~의 입장에 있다'라는 의미입니다. '최적의 직책에 있다'라는 표현에는 in the best position을 사용합니다.

I am afraid that I am not in a position to comment.
저는 말씀드릴 수 있는 입장이 아닙니다.

He is in the best position to provide information on her business acumen.
그가 그녀의 사업수완에 관한 정보를 제공할 최적의 사람입니다.

He does not have a final say in this matter.
그는 이 안건에 관한 결정권이 없습니다.

제 생각입니다만~

개인적인 견해를 전달하는 표현입니다. As far as I am concerned는 순수한 자기만의 생각을 표현할 때 사용합니다. 더 가벼운 표현으로는 in my opinion이 있습니다. 또한 I would say (that)은 겸허하게 자신의 의견을 말할 때 쓰이는 표현입니다.

As far as I am concerned, the company seems financially sound.
제 생각입니다만, 그 회사의 재정상황은 양호해 보입니다.

 I would say the next president will be Mr. Brown.
차기 사장은 브라운 씨가 임명될 것 같습니다.

Grocery

이메일을 쓸 때 I am writing to you 또는 I am sending this report to you라는 문장을 자주 쓰는데, 상대방이 '편지나 리포트를 쓰고 있는 중'이라고 이해할까봐 불안해했던 경험이 있을 것입니다.

그러나 I am writing to you(I am writing you)는 '메일을 보냅니다'라는 의미로, I am sending this report to you는 '메일로 내용을 전한다'라는 의미로 해석됩니다. 물론 I am writing this e-mail to you라는 표현도 옳은 표현입니다.

Unit 13 찬성, 반대하기

~에 적극 찬성합니다

상대방의 제안에 찬성하는 표현입니다. [agree with+사람, agree to+사물]의 차이에 주의하기 바랍니다.

We strongly agree to this suggestion.
저희는 이 제안에 적극 찬성합니다.

I agree with you.
당신의 의견에 찬성합니다.

I agree to your plan.
당신의 계획에 찬성합니다.

We support this idea.
저희는 이 아이디어를 지지합니다.

I am in favor of your idea.
당신의 생각에 찬성합니다.

We will comply with this project.
이 기획안에 찬성합니다.

I will concur with your view in many respects.
저는 여러 가지 면으로 당신의 의견에 동의합니다.

~에 찬성하지만, ~할 사항들이 있습니다

조건을 둔 찬성의 의지를 나타내는 표현입니다. 의논의 여지가 있음을 전달할 때 사용합니다.

I like the basic idea behind your proposal, **but there are certain things** I need to discuss.

당신의 제안에 기본적으로 찬성하지만, 아직 서로 논의해야 할 사항들이 있습니다.

To be sure, we are satisfied with this product, **but** we feel that further improvements could be made.

의심의 여지없이 이 제품에 만족하고 있지만, 아직 개선할 점이 있다고 생각합니다.

~에 무조건 찬성하는 것은 아닙니다

전면적인 찬성은 아님을 나타내는 표현입니다. '반드시(무조건) ~하는 것은 아니다'는 not neccessarily, 또는 not always로 표현합니다.

We do not necessarily agree with you on all these points.

모든 점에 있어서 무조건 찬성하는 것은 아닙니다.

I do not always agree with his approach to business.

저는 그의 거래 접근 방식에 무조건 찬성하는 것은 아닙니다.

~에 반대합니다

상대방의 제안에 반대하는 표현입니다.

I am opposed to your proposal.
저는 당신의 제안에 반대합니다.

I disagree with your proposal.
저는 당신의 제안에 반대합니다.

I am against your proposal.
저는 당신의 제안에 반대합니다.

~에 반대 입장을 표명합니다

상대방의 계획에 반대하는 표현입니다. 찬성하는 경우에는 express my agreement with your position on이 됩니다.

I am writing to express my disagreement with your position on the plan for increasing turnover.
당신의 충원 계획에 반대 입장을 표명합니다.

Unit 14 추천하기

~하게 되어 기쁩니다

추천하는 표현입니다. 추천서의 포인트는 introduce 앞에 I am happy to나 We are pleased to를 붙이는 것입니다.

I am happy to introduce Mr. Jackson as a candidate for the position of general manager.
잭슨 씨를 총지배인 후보로 추천하게 되어 기쁩니다.

~을 적극 추천합니다

적극적으로 추천할 때 사용하는 표현입니다. '적극 추천하다'라는 표현에서 '추천하다'를 수식하는 부사로 highly를 사용합니다. We are very happy to recommend나 We are very pleased to recommend로도 쓰입니다.

We highly recommend your company as most promising in this field.
귀사를 업계에서 가장 장래성 있는 회사로 적극 추천합니다.

~하게 되어 기쁩니다

추천서를 시작하는 전형적인 문장입니다. '~씨를 위해, ~씨에 대한'은 for보다 격식을 차린 표현인 on behalf of로 표현합니다. 또 herewith는 '~을 첨부(동봉)하여'라는 뜻의 부사입니다. 보통 이 문장 뒤에 그를 알고 지낸 기간, 그와의 관계 등을 추가하여 추천서를 작성합니다.

I am happy to offer a letter of recommendation on behalf of Mr. Smith herewith by attachment.

스미스 씨에 대한 추천서를 첨부하게 되어 기쁩니다.

 **I have known him for** three years in my role as his direct superior in the marketing department.

저는 그의 영업부 직속 상사로 3년간 알고 지냈습니다.

Unit 15 보장, 이유 설명, 결과 예측하기

~을 보장합니다

상대에게 확언하는 표현입니다. assure나 guarantee는 '보장하다, 확언하다'라는 강한 의지를 나타내는 단어입니다. 무책임하게 함부로 사용할 경우 상대방과 법적 충돌을 야기할 여지가 있는 단어이므로 신중히 사용해야 합니다.

I can assure that the work will be done exactly according to your specifications.
정확하게 귀사의 작업의뢰서에 따라 작업이 진행될 것을 보장합니다.

We can guarantee that delivery will be made by May 6.
5월 6일까지 배송해 드릴 것을 약속합니다.

~을 보증합니다

제품의 품질을 보증하는 표현입니다. 품질보증을 표현하는 일반적인 동사는 warrant입니다. 참고로 명사 '품질보증'은 warranty입니다.

This camera **is warranted to** be water-resistant.
이 카메라는 방수처리 되었음을 보증합니다.

~하는 이유입니다

다음 예문은 가격 인상의 이유를 설명하는 표현입니다.

That is the reason why we had to raise the price.

이것이 저희가 가격을 인상해야만 하는 이유입니다.

We firmly believe that you must reduce the price.

귀사가 가격 인하를 해야만 하는 명백한 이유가 있습니다.

~하는 문제이므로

이유를 설명할 때 효과적인 관용구입니다. '~을 이유로, ~에 의한'은 on account of, because of, due to로 표현합니다. 따라서 아래의 Owing to problems beyond our control을 On account of problems beyond our control, Because of problems beyond our control로도 표현할 수 있습니다. 참고로 '~의 주된 이유로'는 owing largely to, due largely to로 표현합니다.

Owing to problems beyond our control, we have no choice but to cancel the project.

저희가 컨트롤할 수 없는 문제이므로, 계획을 취소하는 것 이외에 선택의 여지가 없습니다.

We could not operate our factory **due** largely **to** hyper inflation.

공장을 가동하지 못한 주원인은 극심한 물가상승 때문입니다.

주된 이유는 ~입니다

정확히 이유를 설명하는 표현입니다. 이 문장의 포인트는 The main reason is that입니다. '주된 이유는 ~입니다'라는 표현에 사용합니다.

The main reason is that you refuse to abide by the basic terms of the contract.
주된 이유는 귀사가 계약의 기본조건 준수를 거부했기 때문입니다.

 The main reason is that Mr. Keller has resigned his position as marketing manager.
주된 이유는 켈러 씨가 영업부장직을 사임했기 때문입니다.

~을 ~한 결과로 이끕니다

결과를 예측하는 표현입니다. 부정적인 결과를 표현할 때에는 consequence(s)가 자주 쓰입니다. 결과를 나타내는 단어는 result, consequence, outcome 세 가지입니다. result는 일반적인 결과, consequence는 어떤 사건으로부터 파생되는 결과, outcome은 업무나 실험 등을 통해 얻은 최종적 결과를 각각 의미합니다.

Such misconduct will **lead to grave consequences for** our relationship.
이와 같은 부정행위는 우리 관계를 파멸로 이끄는 길입니다.

 Were you able to predict such a result?
이 같은 결과를 예상하셨습니까?

Unit 16 요점정리, 주의 환기하기

중요한 점은 ~입니다

하고자 하는 말의 요점을 전달하는 표현으로, 중요한 부분을 강조할 때 쓰이는 문장입니다. 이 밖에 My understanding is that이나 The reason is that 등이 있습니다.

> **The point is that** your company is on the verge of bankruptcy.
> 중요한 것은 귀사가 파산 직전이라는 사실입니다.

My understanding is that your company is currently undergoing the closing of unprofitable production facilities.
저는 현재 귀사의 수익성 없는 생산시설이 폐쇄위기에 처해있다고 봅니다.

The reason is that, based on your current financial responsibilities, it is presumed that additional credit will be difficult for your company.
현재 귀사의 재무 상태로 미루어보아 추가 대출은 어렵다고 판단되기 때문입니다.

중요한 점은 ~입니다

논의의 중점을 부각시키는 표현입니다.

The bottom line is that we should adapt our management strategy to the e-commerce market place.

중요한 점은 저희 경영전략을 전자상거래 시장에 접목시키는 것이 현명하다는 사실입니다.

~에 관하여 글을 씁니다

문제가 발생하여 책임을 묻는 경우 상대의 주의를 환기시키기 알맞은 표현입니다. call one's attention to는 상대의 주의를 끌고자 하는 경우 자주 사용됩니다.

I am writing to call your attention to a problem caused by your staff.

귀사의 직원에 의해 발생한 문제에 관하여 글을 씁니다.

~을 알려드립니다

기억을 환기시키는 표현입니다. remind는 call attention to보다 부드러운 표현입니다. '지불일'은 payment due date입니다.

I must remind you that the payment due date was three weeks ago.

지불일이 3주 전에 지났다는 것을 알려드립니다.

반드시 ~해주십시오

상대방에게 무언가를 당부하는 표현입니다.

Please make sure to have him call Mr. Smith as soon as he gets back to the office.

그가 사무실로 돌아오는 즉시 스미스 씨에게 연락하라고 반드시 전해주십시오.

Please make sure that you return the key to him by tomorrow.
내일까지 반드시 그에게 열쇠를 반납해주십시오.

Please ensure that you return the documents to the designated shelf by tomorrow.
반드시 내일까지 지정된 선반에 서류를 반납해주십시오.

Unit 17 의문 제기하기

~인지 궁금합니다

직설적인 의문문이 아닌 부드럽게 상대방의 의견을 묻는 표현입니다.

I am wondering if you have any ideas on that matter.
그 안건에 관해 어떻게 생각하시는지 궁금합니다.

~인지 아닌지 명확하지 않습니다

상대방에게 확실한 태도를 요구하는 표현입니다. 더욱 강한 표현으로는 It is obvious that이 있습니다.

It is not clear whether you wish to exchange the machine **or** receive a refund.
귀하께서 기계의 교환을 원하는지 반품을 원하는지 명확하지 않습니다.

 It is obvious to me that he should be fired.
그를 해고하는 것이 마땅하다고 생각합니다.

저의 질문은 ~입니다

자신의 의문점을 명확히 하는 표현입니다. What I would like to ask is~는 '제가 질문하고자 하는 것은~'이라는 의미의 구어체이므로 비즈니스 이메일에는 사용을 피하는 것이 좋습니다.

My question is how our newly developed products can penetrate the market.
저의 의문은 개발된 신제품을 어떻게 시장에 진입시키느냐 하는 것입니다.

Grocery

영문 이메일을 작성할 때 콜론(:)과 세미콜론(;)의 사용에 어려움을 느낄 수 있습니다. 콜론은 명사나 문장 뒤에서 그것을 구체적으로 설명하는 경우에 사용합니다. 한편, 세미콜론은 앞 문장을 받아 다음 문장이 이어지는 경우에 사용하며 마침표(.)보다는 약하고 콤마(,)보다는 강하게 문장을 분할하는 역할을 합니다. 즉, 세미콜론은 앞 문장의 맨 마지막 명사에 대한 설명이 아닌 문장의 연속성에 중점을 두는 것입니다. 콜론이나 세미콜론을 사용하는 경우, 한 칸의 공백을 두고 다음 문장은 소문자로 시작합니다.

- 콜론의 사용

  The largest and best known industrial unions in the United States are the following: the Transport Workers Union, the United Mine Workers, and the United Steelworkers of America.
  미국에서 가장 널리 알려져 있는 노동조합은 운송조합, 광산조합, 철강조합입니다.

- 세미콜론의 사용

  In summary, mergers leads to bigness; does not necessarily lead to better sevice, better products, or better pricings.
  요약하면 합병은 기업의 확대로 직결되지만, 그것이 언제나 좋은 서비스, 좋은 제품, 적정한 가격으로 이어지는 것은 아닙니다.

Unit 18 지시, 제안, 검토, 초빙하기

~을 해주십시오

명령조로 지시사항을 전달하는 표현으로, 상사가 부하에게 지시를 내릴 때 사용하는 문장입니다. 동사 tell 역시 상사가 부하에게 말할 때 사용할 수 있는 표현이며, 부하가 상사나 동료에게 무언가를 부탁할 때는 ask를 씁니다.

I would like you to do that right away.
즉시 그 일을 처리해주십시오.

~의 지시를 내렸습니다

지시 받은 사항을 설명하는 표현입니다.

He suggested that I call you this morning.
오늘 아침 그는 제가 당신에게 연락을 취하라는 지시를 내렸습니다.

 I suggested that he finish this assignment soon.
나는 그에게 업무를 빨리 끝내라고 넌지시 말했다.

• 이 문장에서 finish는 동사원형입니다. 그 이유는 suggest에 he should finish의 의미가 내포되어 있기 때문입니다. 동사 recommend, demand, insist, propose도 마찬가지입니다.

~을 해야 합니다

상대방에게 의무사항을 전달하는 표현입니다. Be required to는 상대방에게 의무를 전달하거나 무엇인가 요구할 때 자주 쓰이는 표현입니다.

You are required to finish this job.

당신은 이 업무를 끝마쳐야 합니다.

~해주시기 바랍니다

예문은 회의에 참석하길 부탁하는 표현입니다. Be requested to는 Be asked to로 대치될 수 있으며, 명령이나 의무를 전달하는 표현이 아닌 정중하게 요구하는 표현입니다.

You are requested to attend this meeting.

회의에 참석해주시기 바랍니다.

~할 시간이 필요합니다

상대방의 제안에 대한 검토의 필요성을 호소하는 표현입니다. 답변의 시간을 벌고자 할 때 유용한 표현입니다. 참고로 정중하게 제안하는 표현도 외워두기 바랍니다.

I will need some time to check into this matter.

저는 이 사안을 검토하기 위해 시간이 필요합니다.

 May I suggest that we take further time to consider this matter?

이 제안을 검토할 추가 시간을 주시겠습니까?

~이내에 답변 드리도록 하겠습니다

답변 시기를 알리는 표현입니다. 구어체 표현은 I will bet back in two or three days.입니다. 또한 You will be hearing from me in two or three days. '저희로부터 2, 3일 내로 답변을 들으실 수 있을 것입니다.'처럼 상대를 주어로 하는 문장을 사용할 수도 있습니다.

I expect to have an answer for you **in** two or three days.
2, 3일 내에 답변드릴 수 있도록 하겠습니다.

~을 요구해도 되겠습니까?

상대에게 재검토를 촉구하는 표현입니다. May I request~ 이외에 Would you please reconsider~ '~의 재고를 부탁드립니다'라는 표현도 사용할 수 있습니다.

May I request that you reconsider your decision to cancel?
결렬된 제안의 재검토를 요구해도 되겠습니까?

~에 초대합니다

연설자를 초빙하는 표현입니다. 연설 의뢰를 할 때 speak about~ '~에 관해 연설하다'라는 동사를 사용하는 경우에는 '연설의 제목 → 주최자 → 장소(건물) → 장소(도시) → 일정'의 순서로 정보를 나열한 후 문장을 덧붙입니다.

We would like to invite you to speak about the present economic trends in China at the Annual General Meeting of the International Marketing Society to be held at the Plaza Hotel in Seoul on August 20.

8월 20일 서울 프라자호텔에서 개최될 국제 마케팅 협회의 연례총회에서 현재 중국의 경제 동향에 관한 연설을 부탁 드립니다.

 Please let us know as soon as possible **if you will accept** the speaking engagement so that we can finalize our program.

강연회 일정의 차질 없는 진행을 위해 가부결정을 가능한 한 빨리 내려주셨으면 합니다.

~에 초대해주셔서 감사합니다

초빙을 받은 데 대한 답례표현입니다. address '~에 관한 연설을 하다'라는 동사를 사용하는 경우에는 '주최자 → 장소(건물) → 장소(도시) → 일정'의 순서로 나열합니다. 보통 뒤에 이어지는 문장은 감사의 뜻을 나타내는 문장이나 연설의 상세한 내용에 관한 문장입니다.

Thank you very much for your invitation to address the Annual General Meeting of the International Marketing Society at the Plaza Hotel in Seoul on August 20.

8월 20일 서울 프라자호텔에서 개최될 국제 마케팅 협회의 연례총회 연설을 의뢰해주셔서 감사합니다.

 I am pleased to accept your invitation. Meanwhile, I am looking forward to receiving additional information on this matter.

당신의 초청에 감사 드립니다. 이 사항에 관한 추가 정보를 보내주시기 바랍니다.

Unit 19 착오 및 실수 정정, 해결책 제안하기

잘못된 정보를 보냈습니다, ~이니 오류를 정정하십시오

잘못된 정보 전달을 알리고 정정하는 표현입니다.

I gave you incorrect information. Please note the correction that I will appoint Mr. Davis as the acting representative at the Chicago office.

잘못된 정보를 보냈습니다. 데이비스 씨를 시카고 지점 대표로 임명하니, 오류를 정정하십시오.

I stand corrected. (The second line on the page 3 should read, "the chairperson should be replaced" instead of "the chairman should be replaced.")

오류를 정정합니다. (3페이지 두 번째 줄의 "체어맨은 교체되어야 한다"를 "체어퍼슨은 교체되어야 한다"로 바로 잡습니다.)

- **stand corrected**는 상대로부터 문장이나 발언의 오류를 지적받았을 때 내용을 정정할 때 사용되는 표현입니다.

~의 발언은 잘못되었습니다

발언의 잘못을 알고 진의를 밝히는 표현입니다.

I was wrong in saying that he should be promoted. I would like to make this clear up any confusion regarding this matter.

그가 승진되어야 한다는 저의 발언은 잘못이었습니다. 혼동을 막기 위해 이유를 설명하겠습니다.

 After further consideration, **I must take back my previous statement about** Mr. Brown's lack of business savvy.

재고해본 결과, 브라운 씨가 비즈니스에 대한 이해력이 결여되었다고 말한 저의 발언은 철회되어야 합니다.

~에 착오가 있었습니다

계산상의 착오를 정정하는 표현입니다.

My original calculations **were in error**. Here are the correct ones.

처음 계산 결과에 착오가 있었습니다. 정정된 결과를 보냅니다.

 There was a oversight. Please revise the original figures.

실수가 있었습니다. 처음 합계를 정정해주십시오.

~을 포함하는 것을 잊었습니다

이전에 보낸 메일에서 빠뜨렸던 내용을 알리는 표현입니다.

I failed to include the agenda for the next meeting in the previous e-mail.

이전에 보내드린 이메일에 다음 회의 의제를 포함하는 것을 잊었습니다.

그 문제를 해결하는 최선의 방법은 ~입니다

최선의 해결책을 제안하는 표현입니다. The best way는 해결책을 표현할 때 자주 쓰이는 표현입니다.

The best way to solve the problem is to get rid of organizational inefficiency.

최선의 해결책은 조직의 비능률성을 제거하는 것입니다.

 I believe that your suggestion is **the best way to solve it.**
저는 당신의 제안이 가장 좋은 해결책이라고 믿습니다.

~에 관해 결론을 내리는 것이 좋겠습니다

토론이나 회의의 결론을 촉구하는 문장으로 적합한 표현입니다.

We had better come to a conclusion regarding the organizational reform on the agenda.

의제로 오른 조직개편에 관하여 결론을 내리는 것이 좋겠습니다.

Unit 20 합격 및 불합격 통지하기

~에 채용되었음을 알려드립니다

채용심사 합격을 통지하는 표현입니다. 좋은 소식을 전하는 표현으로는 we are pleased to 이외에도 we are happy to, it is our great pleasure, we are delighted to 등이 있습니다.

> **We are pleased to offer you the position of** system analyst at Korea University.
> 고려대학교의 시스템 분석가로 채용되었음을 알려드립니다.

~을 알리게 되어 유감입니다

채용심사 불합격을 통지하는 표현입니다.

> **We regret to inform you that** we will not be able to offer you this position on this occasion.
> 귀하의 합격소식을 전하지 못하게 되어 유감입니다.

We regret to inform you that this occasion you have not been selected for this position.
귀하의 탈락 소식을 전하게 되어 유감입니다.

We are sorry to inform you that at the moment there are no suitable vacancies in our regional sales department.
유감스럽게도 현재 지역 담당 영업부서에 적당한 빈자리가 없습니다.

유감스럽게도 ~입니다

다른 사람이 이미 채용되었음을 알리는 표현입니다.

We regret to say that the position has already been filled.

유감스럽게도 그 자리는 이미 충원되었습니다.

We appreciate the interest you have shown in our company **and wish** you well in finding the position you desire.

저희 회사에 관심을 가져주셔서 감사 드리며 원하시는 일자리 찾으시길 기원합니다.

However, **we always retain a file of** the resumes of candidates and may contact you later regarding your interest in our company.

하지만 저희는 지원자들의 자료를 보관하고 있으므로 기회가 닿으면 연락 드리겠습니다.

Unit 21 자연스러운 문장을 만드는 관용구

어떠한 사실에 근거하여 말할 때

According to ~에 의하면

 According to the weather forecast, you cannot leave for the U.S. tonight due to a storm.
일기예보에 따르면 오늘 밤 폭풍우로 인해 미국으로 떠날 수 없습니다.

- according to '~에 의하면' 외에 accordingly '따라서, 그러므로, 그래서'라는 표현도 함께 알아두기 바랍니다.

  ex You didn't pass the exam. Accordingly, you should be expelled from the university.
  당신은 시험에 합격하지 못했습니다. 따라서 퇴학 처분될 것입니다.

As agreed when ~때 동의하신 대로

 As agreed when we met last week, we will receive a royalty of 20 cents per copy.
지난주 뵈었을 때 동의하신 대로 복사본 1장당 20센트의 로열티를 받겠습니다.

- 이 표현은 약속이나 계약 내용을 확인할 때 매우 유용한 표현입니다.

As stated 언급한 바와 같이

 As stated in the warranty, we will provide unlimited service on the copier for the first five years.
보증서에 언급한 바와 같이 구입하신 복사기를 5년간 무상서비스 해드립니다.

- state는 '말하다'를 뜻하는 다른 많은 표현(say, tell, remark, observe, put, mention, refer 등) 가운데 공식적인 비즈니스 문서에 가장 적합한 동사입니다.

Based on ~에 의거하여

 We have to fire him, **based on** the fact that he committed a crime three years ago.
그가 3년 전 저지른 범죄 사실에 의거하여 그를 해고해야만 합니다.

- based on은 on the basis of로 바꾸어 표현할 수 있습니다. '~에 입각해서나 '~에 의거해서'라는 표현은 회사 내에서 빈번히 사용되는 표현이므로 반드시 알아두도록 합니다.

For this reason 이러한 이유로

 For this reason, we have cancelled the project you proposed.
이러한 이유로 당신이 제안한 계획을 무효화했습니다.

- for this reason은 therefore로 바꾸어 말할 수 있습니다.

As before 지금까지 하던 대로

 If you give us 15% discount **as before,** we will reconsider the purchase of your new model.
지금까지 하던 대로 귀사가 15% 할인가에 공급해 주시면 신모델 구매를 고려해보겠습니다.

- as before는 매우 유용한 관용구입니다. If you give us a 15% as you did before라는 긴 문장을 as before로 짧고 간결하게 표현할 수 있습니다.

In accordance with ~와 일치하여, ~에 따라서

 In accordance with your expectations, we changed the design to meet all safety regulations.
기대하신 대로 모든 안전규칙을 지키기 위해 디자인을 수정했습니다.

- 이 표현은 비즈니스 이메일에서 상대방에게 당부하는 표현으로 효과적입니다.

ex In accordance with the contract made between us, the project should be carried out.
우리 사이에 맺어진 계약에 따라 프로젝트가 진행되어야 합니다.

As requested 요청하신 대로

 As requested, we send you the latest machine yesterday.
요청하신 대로 최신 기계를 어제 발송했습니다.

- 이 표현도 자주 사용됩니다. 고객에게 팸플릿을 발송하는 경우 매우 유용하게 쓰일 수 있습니다.

In response to ~에 답하여

In response to such a sweeping question, we are not able to answer immediately.
이런 포괄적인 질문에는 즉각 답을 해드릴 수 없습니다.

- in response to는 상대에게 논리적인 대응을 할 때 유용하게 쓰이는 관용구입니다. 토론을 많이 해야 하는 비즈니스맨에게는 필수 구문입니다.

Taken in this light 이 점에서

Taken in this light, our management goals for the first quarter seem to have been achieved.
이 점에서 1/4분기 우리의 경영목표는 달성된 것으로 보입니다.

- taken in this light은 목적어나 절을 취하지 않고 독립적인 부사로 쓰입니다.

Taking into consideration ~을 고려하면

Taking into consideration data gathered in our investigation, we do not feel that we can grant you credit at this time.
조사에 의해 수집된 데이터를 고려하면 귀사의 신용대출 청구를 승인할 수 없습니다.

- Taking into consideration은 관계대명사 that절을 취할 수도 있습니다.

ex Taking into consideration that our credit policies are very tight in this depressed economy, we come to conclude that we are unable to open a credit account for this project.
경기침체로 어려워진 재정 상태를 고려하여 이 프로젝트를 위한 새로운 구좌개설이 불가능하다는 결론을 내렸습니다.

위, 아래 내용을 참조하여 말할 때

As follows 아래와 같이

 This procedure should be carried out **as follows**
작업을 아래의 순서로 진행해주십시오.

- 흔히 as follows 뒤에 콜론(:)이 옵니다.

In the following 아래와 같이

 Please make sure to operate this machine **in the following manner:**
기계를 아래와 같은 방법으로 조작해주십시오.

in the following~의 following은 형용사입니다. 따라서 뒤에 명사가 옵니다.

ex Inspect the factory environment in the following order:
다음의 순서대로 공장 환경을 시찰해 주십시오.

Listed below 아래 목록의

 Listed below, please find all the items for purchase.
아래의 목록에서 모든 구입품목을 찾아주시기 바랍니다.

- '위의 목록에~'는 listed above입니다.

As shown above 위와 같이

 Please see the tables and figures **as shown above**.
위의 목록과 그림을 보시기 바랍니다.

- 그림이나 도표를 언급할 때 유용한 표현입니다. as shown below라고 하면 '아래에 보시는 바와 같이'라는 뜻이 됩니다. 또 table은 '표'이고 figure는 '그림', chart는 '도표'임을 알아두기 바랍니다.

조건이나 결과에 대해 말할 때

Provided that ~의 조건으로

 We can reduce the price **provided that** your order is for more than 2,000 bottles.
2,000병 이상 주문하시면 할인해 드리겠습니다.

- provided that은 '~의 조건으로'라는 뜻으로, if '만일 ~라면'와 같은 의미로 해석될 수 있으며 주로 조건을 제시, 설정할 때 사용됩니다. provided that은 providing that, granted that, granting that으로 바꾸어 쓸 수 있으며 특히 if가 두 번 사용되는 문장을 피하고 싶은 경우 provided that을 사용함으로써 간결한 문장을 작성할 수 있습니다.

> **ex** Provided that he has business acumen, we will hire him.
> 그에게 사업에 대한 통찰력이 있다면 채용하겠습니다.

> **ex** Provided that Mr. David has worked for financial institutions in the past, we will be able to employ him if he is satisfied with the salary we offer.
> 데이비드 씨가 금융기관에 근무한 경험이 있고 우리가 제시한 급여에 만족한다면 그를 채용할 수 있을 것입니다.

Thus far 지금까지, 여기까지

 Thus far, the machine has been working well.
지금까지는 기계가 잘 작동되고 있습니다.

- thus far는 to date이나 so far로 대치될 수 있습니다. 자주 사용되는 so far를 이용한 표현으로는 So far, so good. '지금까지는 순조롭습니다.'가 있습니다.

To date 지금까지, 여기까지

 This model has had a good reputation **to date**.
지금까지는 이 모델의 평판이 좋습니다.

- to date 대신 so far를 사용할 수도 있습니다.

ex This model has so far been very popular among youngsters.
이 모델은 아직까지 젊은이들 사이에서 대단히 인기가 많습니다.

Under the circumstances 이러한 상황에서는

 Under the circumstances, we should not invest in china.
이런 상황에서 중국에 투자하는 것은 바람직하지 않습니다.

- 이 관용구는 어떤 사항을 심사숙고하고 있다는 사실을 말할 때 편리한 표현입니다.

Thanks to ~덕분에

 Thanks to your cooperation, we managed to solve the problem.
귀사의 협조 덕분에 문제를 해결할 수 있었습니다.

- thanks to는 '~덕택으로'라는 뜻이며, 감사의 뜻을 담고 있으므로 단순한 원인을 나타내는 because of, owing to, due to와는 쓰임이 다릅니다.

ex I made a big blunder in the meeting thanks to your tedious explanation.
당신의 지루한 프레젠테이션 덕분에 회의에서 큰 실수를 했습니다.

It follows that 따라서 ~은 당연히 ~가 되다

 It follows that the contract is invalid.
따라서 이 계약은 당연히 무효입니다.

- it follows that은 '따라서 ~은 ~가 되다'라는 뜻입니다. 이 문장은 앞의 문장과 연결됨과 동시에 논리적 귀착점을 나타냅니다.

ex Your company is in a state of insolvency. It follows that collateral will be taken over by the banks concerned.
귀사는 지불 불능 상태입니다. 따라서 담보는 관련 은행에 양도됩니다.

접속이나 화제 전환

As a matter of fact 사실은

 As a matter of fact, we cannot lend you such a great deal of money.
사실 저희는 그런 큰 돈을 빌려드릴 수 없습니다.

- as matter of fact는 actually, in fact와 같은 의미입니다. 참고로 for practical purposes는 '(이론상은 어쨌거나) 실제로는'이라는 뜻입니다. 비즈니스에서 빈번하게 사용되는 표현이므로 꼭 외워두기 바랍니다.

Actually 사실은

 Actually, I think I will be able to get along with my new boss.
사실 새로운 상사와 잘 지낼 수 있을 것 같습니다.

- 뒤에 오는 문장과 한 호흡, 간격을 두고 싶을 때 효과적으로 쓰이는 부사입니다. In fact와 바꿔 쓸 수 있습니다.

As a rule 대체로, 일반적으로

 As a rule, the Korean economy seems to be deteriorating.
대체로 한국경제는 악화되고 있는 것 같습니다.

- 이밖에 다른 표현으로는 overall, generally가 있습니다.

Overall 대체로, 일반적으로

 Overall, the company is doing well.
전체적으로 회사는 잘돼가고 있습니다.

- overall은 on the whole이나 generally로 대치할 수 있으며 형용사로 쓰이면 '전체의'라는 뜻이 됩니다.

ex The overall cost of renovating the factory amounts to $100,000.
공장을 수리하는 데 총 10만 달러가 듭니다.

Similarly 마찬가지로

 Mr. Brown should be demoted. **Similarly,** Mr. Smith should receive a pay cut.
브라운 씨는 강등되어야 합니다. 마찬가지로 스미스 씨는 감봉 처분해야 합니다.

- similarly는 likewise나 also로 대치될 수 있는 부사입니다. similar는 '닮은, 유사한'이라는 의미의 형용사이므로, identical '일치하는'으로는 바꿔 쓸 수 없습니다.

ex These machines look similar. 이 기계들은 비슷합니다.
These machines look identical. 이 기계들은 똑같습니다.

As a result 결과적으로

 As a result, you must address yourself to this problem.
결과적으로, 당신이 직접 문제를 해결해야 합니다.

- '~의 결과로'라는 표현은 as a result of the fact that으로 표현합니다.

ex As a result of the fact that the company could not capitalize on this business opportunity, the president should be fired.
이번 사업의 기회를 놓쳐버린 데 대한 책임으로 사장은 해임되어야 합니다.

Consequently 결과적으로

 Consequently, you have to resign from this company.
결과적으로, 당신은 이 회사를 사직해야 합니다.

- consequently는 as a result로 대치할 수 있습니다.

At the same time 동시에

 We confirm the receipt of your order yesterday. **At the same time,** we also got identical orders from new clients.
어제 귀사로부터 받은 주문을 확인함과 동시에 새로운 고객으로부터 같은 주문을 받았습니다.

- at the same time을 하나의 부사 concurrently로 줄여 말할 수 있습니다.

ex You have to study English. Concurrently, you should study french, too.
영어를 공부해야 합니다. 동시에 프랑스어도 공부하는 것이 좋습니다.

Concurrently 동시에

 You must accept the fact that your target customers are dwindling in number, so you must extract move profit per customer. **Concurrently**, you had better develop new market.
대상 고객들이 감소하고 있다는 사실을 받아들이고 고객 개개인으로부터 이익을 이끌어냄과 동시에 새로운 시장도 개척해야 합니다.

- concurrently는 at the same time으로 대치할 수 있습니다. 하지만 비즈니스 메일에서는 더욱 간단한 단어로 명확한 의미를 전달해야하기 때문에 concurrently를 사용하는 것이 좋습니다.

Accordingly 따라서

Accordingly, it can be concluded that we cannot participate in this joint venture.
따라서 저희가 공동 벤처사업에 참여할 수 없다는 결론이 내려질 수 있습니다.

- accordingly는 therefore나 for that reason과 마찬가지로 '그런 까닭에, 따라서, 그러므로'라는 의미입니다.

Therefore 따라서

Therefore, your approach is untenable.
따라서 저희는 귀하의 접근방법을 지지할 수 없습니다.

- therefore는 for that reason과 같은 의미입니다. 논리적 전개에 힘을 실어 표현할 때 유용한 부사입니다.

Additionally 덧붙여서

Additionally, may I ask you another question?
덧붙여서, 추가 질문을 해도 되겠습니까?

- '~에 더하여'라는 표현은 in addition to로 합니다.

ex In addition to this issue, we have to present another issue at the meeting.
이 의제에 더하여 또 하나의 의제를 회의에 제출해야만 합니다.

Besides 게다가, 그 밖에

 My total salary was reduced due to restructuring. **Besides**, I was demoted to the manager with a less important authority.
저의 급여는 구조조정으로 인해 삭감되었습니다. 게다가 영향력 없는 부서의 매니저로 지위도 강등되었습니다.

- besides는 부사로 쓰일 경우 '게다가' 또는 '그 밖에'라는 뜻이며, in addition, furthermore, moreover와 대치 가능합니다. beside '~의 곁에, ~의 근처에'라는 전치사와 혼동하지 않도록 주의하기 바랍니다.

ex He always sits at the chair beside me in the meeting.
그는 회의 때 늘 제 옆자리에 앉습니다.

Moreover 게다가, 그 밖에

 This market is an excellent prospect; **moreover**, it remains exploited.
이 시장은 장래성이 있습니다. 게다가 아직 개척되지 않았습니다.

- moreover는 furthermore나 in addition으로 대치할 수 있습니다.

Conversely 거꾸로, 반대로

 The Gangwon-do factory is very busy in the winter, **conversely** the Jeju-do is very busy in the summer.
강원도 공장은 겨울에 매우 바쁘고, 반대로 제주도 공장은 여름에 바쁩니다.

- conversely는 앞의 문장과 대조되는 문장을 연결할 때 사용하는 부사입니다.

Correspondingly 그에 상응하여

 The factory inspection is stricter and longer, based on the ISO stipulations. **Correspondingly**, it is more difficult to pass.
ISO의 규정에 기초하여 공장 검열이 엄격하고 깁니다. 그에 상응하여 검열에 통과하기가 어렵습니다.

- correspondingly는 문제를 제시하는 앞 문장에 이어 대처나 반응을 다음 문장에서 제시할 때 사용되는 부사입니다.

Furthermore 더군다나

 This problem remains to be solved; **furthermore**, it is difficult to gather information on it.
이 문제는 해결되지 않았습니다. 더군다나 관련 정보를 수집하기도 찾기도 어렵습니다.

- furthermore는 moreover나 in addition으로 대치할 수 있습니다.

However 하지만

 However, you will have to overcome this obstacle.
하지만 당신은 이 장애를 극복해야만 합니다.

- however는 격식을 갖춘 비즈니스 이메일에 주로 사용되고, but은 격식을 차릴 필요 없는 친구에게 쓰는 편지나 회화에 주로 사용됩니다.

Instead 그 대신

 My boss did not dispatch me to India. **Instead**, I got promoted to headquarters.
저의 상사는 저를 인도로 파견 보내지 않았습니다. 그 대신 저는 본사로 승진되었습니다.

- instead는 '그 대신'이라는 뜻의 부사이며, instead of는 '~대신에'라는 뜻의 전치사구입니다.

ex Instead of promoting Mr. Keller, we had better demote him.
켈러 씨를 승진시키는 대신 강등시켜야 한다고 생각합니다.

Namely 다시 말하면, 즉

 The department has a big problem, **namely**, employee tardiness.
그 부서에는 큰 문제가 있습니다. 그것은, 즉 직원들의 지각입니다.

- namely 뒤에는 앞 문장을 구체화하는 문장이나 어구가 와야 하기 때문에 문장의 맨 앞에 사용할 수 없습니다.

ex Only one manager was absent from the workshop, namely, Mr. Smith.
단 한 명의 매니저, 즉 스미스 씨만 연수회에 결석했습니다.

Nevertheless 그럼에도 불구하고

 Your company was on the verge of bankruptcy two years ago. **Nevertheless,** we are ready to grant you credit in recognition of your efforts.
귀사는 2년 전 파산 직전이었습니다. 그럼에도 불구하고 저희는 귀사의 재건 노력을 평가하여 대출을 승인할 준비가 되어있습니다.

- nonetheless와 같은 의미의 부사입니다. 문장의 맨 앞과 뒤 어느 곳에도 취할 수 있습니다.

ex The boss is domineering, but they like him nonetheless.
그 상사는 거만함에도 불구하고 부하직원들은 그를 좋아합니다.

Notwithstanding 그럼에도 불구하고

Notwithstanding the budget shortfall, the government tried to spend more.

예산의 적자에도 불구하고 정부는 지출을 늘리려고 했습니다.

- notwithstanding은 in spite of나 despite로 대치할 수 있습니다. 또한, 명사 뒤에 오더라도 문법적 오류가 아닙니다.

ex Financial difficulties notwithstanding, the company attempted to invest in the big project in China.

재정상의 어려움에도 불구하고 그 회사는 중국의 큰 사업에 투자를 시도했습니다.

Otherwise 만약 그렇지 않으면

Would you make up your mind about this transaction within this week? **Otherwise**, we may have to give up negotiating with you immediately.

이번 주 내로 이 계약에 관해 결정해주시겠습니까? 그렇지 않으면 저희는 즉각 협상을 포기해야 할 것입니다.

- otherwise는 '만약 ~하지 않는다면 ~될 것입니다'라는 의미이며 논리적 근거로 상대방을 설득할 때 유용한 표현입니다.

ex You must make a payment within three days, otherwise, you will be sued.

3일 이내에 반드시 지불하셔야 합니다. 그렇지 않으면 고소당할 것입니다.

Subsequently ~에 이어서

 You made a mistake about the transaction. **Subsequently**, he also made the same mistake about the same transaction.
당신이 거래에서 실수를 저지른 데 이어, 그도 같은 거래에서 같은 실수를 저질렀습니다.

- 어떠한 사건의 발생에 이은 현상을 표현할 때 유용한 부사입니다. subsequently는 afterwards로 대치 가능합니다.

Unfortunately 유감스럽게도

 Unfortunately, I am not concur with you regarding this matter.
유감스럽게도 이 문제에 대한 당신의 생각에 동의할 수 없습니다.

- unfortunately는 regrettably로 대치할 수 있습니다.

ex Regrettably, the position has already been filled.
유감스럽게도 그 자리는 이미 충원되었습니다.

자신의 견해나 목적을 말할 때

For the purpose of ~을 목적으로

 Let us develop a new model competing with Toyota **for the purpose of** increasing profits.
이익의 증가를 목적으로 Toyota와 경쟁할 만한 새로운 모델을 개발합시다.

- 명확한 목적이 있는 경우 for the purpose of를 사용하는 것이 좋습니다.

From the view point of ~의 관점에서

 **From the view point of** financial risk, you should avoid investing in this project.
재정적 위험부담이라는 관점에서 이 프로젝트에 투자를 피하는 것이 좋습니다.

- 문장의 논리성을 강조할 때 from the viewpoint of가 큰 도움이 될 것입니다.

In terms of ~면에서, ~에 의하여

 In terms of organizational efficiency this department ranks last.
조직의 효율성 면에서 이 부서가 최하위를 기록했습니다.

- in terms of는 '~면에서'라는 표현을 할 때 가장 빈번하게 사용되는 관용구입니다. 문장의 뒤에 오는 경우도 있습니다.

ex The total organizational structure must be reconstructed in terms of SCM.
전체 조직구조가 반드시 SCM(Supply Chain Management)에 의하여 재구성되어야 합니다.

In light of ~에 비추어 보면

In light of the new report, we should increase our marketing budget.

새로운 보고서에 비추어 보면 마케팅의 예산을 증가시켜야 합니다.

- in light of를 직역하면 '~에 빛을 비추어보면'이라는 뜻입니다. In light of는 In the light of로도 쓰입니다.

In one's view ~의 견해로는

In my view, the only viable solution is to cut prices even further.

제 견해로는 실행 가능한 유일한 해결책은 가격인하입니다.

- in my view는 in my opinion과 같은 의미입니다. 단, in my opinion은 친근감 있는 구어체 표현입니다.

In the context of ~의 맥락에서

This problem must be investigated **in the context of** actual use by consumers.

이 문제는 소비자가 실제로 사용한다는 맥락에서 연구되어야 합니다.

- in the context of는 문장 전후관계의 확인을 강조하고 싶을 때 효과적인 표현 방법입니다.

ex The Ajinomoto case which occurred in Jakarta in 2000 needs to be examined in the context of the power struggle in Indonesian politics at that time.

2000년 자카르타에서 일어난 아지노모토 사건은 당시 인도네시아의 정치적 권력투쟁이라는 맥락에서 검토되어야 합니다.

~에 관해

About ~에 관해

 I am calling you **about** the accident which occurred yesterday.
어제 일어난 사고에 관해 전화 드렸습니다.

- about은 격식을 차리지 않는 평범한 문장에 쓰입니다. '~에 관해'라는 의미의 단어 중 가장 빈번히 사용되는 단어입니다.

As for ~에 관해

 As for 600 cases of canned orange juice, we received only 400 cases.
캔 오렌지주스 600상자에 관해 말씀드립니다. 400상자밖에 도착하지 않았습니다.

As to ~에 관해

 As to individual prices of these products, could you send me a complete price list?
각각의 제품 가격에 관한 가격표를 보내주시겠습니까?

Concerning ~에 관해

 I cannot make any comment **concerning** this matter.
저는 이 문제에 관해서는 드릴 말씀이 없습니다.

In regard to ~에 관해

 In regard to your inquiry, please find attached our complete price list.
문의에 관해서라면 첨부된 가격표를 참고해 주시기 바랍니다.

Regarding ~에 관해

 Regarding our company brochure, it has been mailed to you under separate cover.
회사 안내책자에 관한 것이라면, 귀하에게 별도 우편으로 발송되었습니다.

Relating to ~에 관해

 Relating to the embezzlement case which was revealed two months ago, new evidence has been uncovered.
2개월 전 밝혀진 횡령사건에 관한 새로운 증거가 발견되었습니다.

With reference to ~에 관해

 With reference to your fax informing us of delayed shipment, we must cancel our order as the goods are urgently required.
제품 발송이 지연된다는 팩스에 관한 답변입니다. 긴급히 필요한 물건이었으므로 주문을 취소할 수밖에 없습니다.

• '특히 ~에 관해'라는 표현은 with special reference to로 합니다.

ex We have to concentrate on this topic with special reference to the overseas competition in the toy market.
특히 해외에서의 완구시장 경쟁이라는 관점에서 우리는 이 화제에 집중해야만 합니다.

With regard to ~에 관해

 With regard to our prices, we are forced to announce an increase of 10% due to a rise in cost of materials from our suppliers.
가격에 관해서라면, 공급되는 자재비의 상승으로 인해 가격이 10% 인상됨을 알려드립니다.

With respect to ~에 대하여

 With respect to business forecast in the construction industry, the prospects are not good enough to satisfy our expectation.
건설업계의 경기 전망은 우리의 기대를 충족시키지 못합니다.

시간적 개념에 대해 말할 때

As of ~월 ~일부로

 As of June 1, we are closing this store.
6월 1일부로 폐점합니다.

- as of를 as from으로 표현해도 의미는 같습니다. 참고로 effective와 immediately를 함께 사용하여 '지금 당장'이라는 강한 표현을 할 수 있습니다.

ex As of August 20, we ceased all derivatives operations.
8월 20일부로 복합금융상품 업무를 정지했습니다.

ex We are forced to cancel our long-standing contract effective immediately.
저희는 장기 계약을 즉시 파기할 수밖에 없습니다.

By return 받은 즉시

 E-mail us and we will send you a free sample **by returns**.
이메일을 보내시면 즉시 무료 샘플을 보내드리겠습니다.

- by return은 여러 가지 경우에 사용할 수 있습니다.

ex Let me answer you by return.
받는 즉시 회답하겠습니다.

ex Would you please reply by return?
받는 즉시 답장을 주시겠어요?

As it stands 현 상태로는

 As it stands, I would not be able to give the idea my backing.
현 상태로는 그 아이디어를 지지할 수 없습니다.

- as it stands는 under the present circumstances와 같은 의미입니다.

As soon as ~하자마자

 We are planning to hold a meeting **as soon as** you come back to Seoul.

당신이 서울로 돌아오자마자 회의를 할 예정입니다.

- as soon as는 비즈니스 영어는 물론 회화문에서도 자주 사용되는 관용구입니다. 그러나 수험영어에서 배운 as soon as = hardly ~ when[before]라는 고정관념을 버리도록 합시다. 위의 문장을 You hardly had come back to Seoul when we were planning to hold a meeting.으로 표현하는 것은 좋지 않습니다. 일반적으로 hardly ~ when[before]는 논문이나 소설에서 사용되는 무거운 느낌의 문체입니다.

At the latest 늦어도

 Please make sure to come back to the office by 3 P.M. **at the latest.**

늦어도 오후 3시까지 사무실로 돌아와 주세요.

- at the latest '늦어도'라는 표현은 회사 생활을 할 때 자주 사용되는 표현입니다. 또한 at last는 '드디어, 마침내'라는 의미입니다.

At the time when ~했을 때

 I left New York **at the time when** my boss had suddenly become sick.

상사가 갑자기 아팠을 때 저는 뉴욕을 떠났습니다.

- at the time when은 '~을 했던 그때'라는 의미로 시간을 강조하는 표현입니다.

At your earliest convenience 되도록 빨리

 I am looking forward to hearing from you **at your earliest convenience**.
가능한 한 빠른 답장 부탁드립니다.

- at your earliest convenience는 '되도록 빨리'라는 의미입니다. earliest를 뺀 at your convenience는 '사정이 허락할 때'라는 의미가 됩니다.

  ex Please drop in at my office at your convenience.
  사정이 허락할 때 저희 사무실에 들러주십시오.

By ~까지

 Would you kindly investigate the cause of the accident **by tomorrow**?
내일까지 사고 원인을 조사해 주시겠습니까?

- by '~까지'는 동작 완료의 기한 설정, till '~까지'는 단순한 기간을 나타낼 때 쓰입니다. 또, by보다 강하게 일시를 구체적으로 한정하는 표현에는 no later than이 있습니다.

  ex I am going to stay in Seoul till next march.
  저는 내년 3월까지 서울에 머물 것입니다.

  ex You should submit the report to me no later than April 21.
  4월 21일 전에 저에게 보고서를 제출하십시오.

Currently 지금, 현재

 We are **currently** drafting the contract between A, B, and C.
현재 A, B, C 3개 회사와 맺을 계약의 기초를 마련하고 있습니다.

- 현재 일어나고 있는 일을 역동적으로 표현하는 경우 사용할 수 있는 부사입니다.

Now 지금, 현재

 Now, let us go forward with this contract.
지금 계약합시다.

- now는 '현재, 지금'을 의미하는 가장 일반적인 단어입니다. '현재, 지금'이라는 뜻을 나타내는 currently, presently, for the time being 등의 표현을 효율적으로 사용하여 간결하고 명료한 문장을 작성하기 바랍니다.

Presently 지금, 현재

 We are **presently** under contract with you.
저희는 현재 귀사와 계약이 체결되어 있습니다.

- presently와 now는 동의어지만, presently가 역동적인 표현을 위해 비즈니스 이메일에 자주 사용됩니다.

Delay 지연된, 늦은

 I am sorry to have **delay**ed answering this question.
질문에 대한 회답이 늦어져 죄송합니다.

- delay가 late와 같은 의미의 단어라고 생각하면 큰 오산입니다. delay는 '연기하다, 미루다'라는 의미의 동사이고 late는 '(이미 결정된 약속된 시간에) 늦은'이라는 의미의 형용사입니다. 그는 지각을 했다라는 문장은 He is delayed. 가 아닌 He is late. 로 표현합니다.

Late 지연된, 늦은

 I will be half an hour **late** for the meeting scheduled at 8:00 A.M.
제가 오전 8시에 시작하는 회의에 30분 늦을 것 같습니다.

- 다음과 같은 표현도 꼭 외워두기 바랍니다.

  ex We will ship the remaining units two weeks later.
  잔여분은 2주일 후에 발송하겠습니다.

Effective on (월, 일)에 효력이 있는

 This contract will become **effective on** July 1.
계약은 7월 1일부터 효력을 발생합니다.

- '(법률 등이) 효력을 발생하다'라는 표현은 effective를 사용하여 [effective on+월, 일]로 문장을 작성합니다. 비즈니스에서 자주 쓰이는 표현이므로 외워두기 바랍니다.

Eventually 최종에는, 결국은

 Do you really think that you will implement this project **eventually**?
결국 진심으로 이 프로젝트를 진행할 생각입니까?

- eventually에는 '최후에는'이라는 의미도 있습니다.

  ex I am afraid this project will eventually fail.
  (유감이지만) 저는 이 프로젝트는 최종적으로 실패할 것이라고 생각합니다.

For the time being 지금으로서는, 당분간은

For the time being, we have to manage an overseas subsidiary which is in financial difficulties.
지금으로서는 재정상 어려움을 겪고 있는 해외 자회사를 관리해야만 합니다.

- for the time being은 문장의 후미에 쓰일 수도 있습니다.

> **ex** Let the matter rest for the time being.
> 당분간 이 문제는 보류해 둡시다.

Immediately after ~한 후 즉시

Please contact us **immediately after** you return from the U.S.
당신이 미국에서 귀국하면 즉시 연락 바랍니다.

- as soon as possible과 유사한 의미로·긴급함을 나타내는 표현입니다.

In advance 미리

Please e-mail me at least a week **in advance** before you visit our factory.
저희 공장을 방문하기 적어도 1주일 전에 미리 이메일을 보내주시기 바랍니다.

- 상대방에게 협조를 부탁할 때, 약간은 뻔뻔스러운 문장이지만 아래의 표현을 사용할 수 있습니다.

> **ex** Thank you for your cooperation in advance.
> 귀사의 협조에 미리 감사드립니다.

In ~year's time ~년 내로

 I am going to pay a visit to New York **in three years' time.**
제가 3년 내로 한 번 뉴욕을 방문하겠습니다.

- 위 문장의 in three years' time은 '3년 이내에'라는 의미로 in three years나 within three years보다 세련된 표현입니다. after three years나 three years later는 과거에 지나간 일들을 표현할 때 사용됩니다.

ex He died of cancer three years later.
그는 암에 걸려 3년 후에 죽었습니다.

Years after ~년 후에

 Our company went bankrupt two **years after** the Asian currency crisis broke out.
아시아 통화 위기가 일어나고 2년 뒤에 우리 회사는 파산했습니다.

- '통화 위기가 일어나기 2년 전'이라는 문장으로 바꾸면 다음과 같습니다.

ex Our company had gone bankrupt two years before the Asian currency crisis occurred.
아시아 통화 위기가 일어나기 2년 전 우리 회사는 파산했습니다.

In time 제시간에

 I was just **in time** for the meeting scheduled to start at 8 P.M.
저는 오후 8시에 시작되는 회의에 딱 맞춰 도착했습니다.

ex I hope this e-mail reaches you in time.
이 이메일이 때맞춰 도착하길 바랍니다.

On a rush basis 시급히

Please deliver the goods **on a rush basis.**
시급히 물건을 보내주세요.

• on a rush basis는 at your earliest convenience로 대치할 수 있습니다. 시급히 물건을 보내달라는 표현에는 by 7 P.M.이나 next Monday와 같은 정확한 시간을 제시하는 것이 좋습니다.

Onwards ~이후, 앞으로

From March 10 **onwards**, company sports facilities will be open to the public.
3월 10일 이후부터 회사의 운동시설이 일반인들에게 개방됩니다.

• onward는 형용사로 쓰이면 '전방으로의, 전진적인'이라는 의미입니다.

ex an onward movement 전진
an onward course 진보적 방침

Over the past[last] 과거 ~에 걸쳐

The sales of this model have been decreasing **over the past three weeks.**
지난 3주에 걸쳐 이 모델의 판매량이 감소하고 있습니다.

• '~에 걸쳐'라는 표현은 비즈니스 이메일에 자주 쓰이는 표현입니다. over the past three weeks는 over the last three weeks로 대치할 수 있습니다.

Right away 즉시, 바로

 Please get it done right away.
즉시 그 업무를 완료해 주십시오.

- right away 대신 immediately를 사용할 수 있습니다.

Without delay 즉시, 바로

 Please send the goods requested without delay.
요구한 제품을 즉시 보내주십시오.

- without delay는 '시간엄수'를 강조하는 문장에 효과적인 표현입니다.

Sometime soon 조만간 언제

 We hope to meet you in Hong Kong sometime soon.
조만간 언제 홍콩에서 뵐 수 있기를 바랍니다.

- 곁치레 인사로 효과적인 표현입니다. 우리가 자주 쓰는 '언제 한 번 봅시다'와 비슷한 표현입니다. 참고로 some other time은 '다음 기회에'라는 의미입니다.

  ex Let me contact you some other time.
  다음 기회에 연락드리겠습니다.

Sharp 정각에

 Please come over to the office at 3:30 P.M. **sharp.**
오후 3시 30분 정각에 사무실로 오시기 바랍니다.

- sharp는 항상 시간 뒤에 붙입니다.

Until ~까지

 I am supposed to stay in Sydney **until** the end of this week.
저는 이번 주말까지 시드니에 머뭅니다.

- 위 문장의 until을 till로 대치할 수 있습니다.

Part 2

사례로 알아보는
좋은 이메일, 나쁜 이메일

Part 2의 목적은 영어의 기본구조를 바탕으로 생각하고 비즈니스 이메일을 작성하는 훈련을 하는 데 있습니다. 우리말로 작문을 하고 영어로 번역하는 방법은 절대 영작실력에 도움이 되지 않습니다. 간단한 문장이라도 영어로 먼저 머리에 떠오르도록 하는 습관이 필요합니다.

Unit 01	겉치레 인사는 필요 없다!
Unit 02	지나친 겸손은 오해의 씨
Unit 03	문장의 단락을 효과적으로 이용하자!
Unit 04	연속적인 부정문의 사용을 피하자!
Unit 05	대명사를 활용하자!
Unit 06	상대방을 배려하는 문장을 작성하자!
Unit 07	수동태의 연속은 피하자!
Unit 08	영어회화처럼 작문하지 말자!
Unit 09	지나친 관계대명사의 사용에 주의하자!
Unit 10	관계부사의 사용은 금물!
Unit 11	같은 의미로 반복된 표현을 피하자!
Unit 12	주제를 하나로 집중시키자!
Unit 13	감정적인 표현을 피하자!
Unit 14	난해한 문장의 사용을 피하자!
Unit 15	비즈니스 이메일은 간단명료하게!
Unit 16	논지 전개의 효과적인 방법
Unit 17	적극적인 태도로 좋은 인상을 주자!
Unit 18	정중하게 말하자

Unit 01 겉치레 인사는 필요 없다!

Case 1

김 대리는 이미 맺어진 계약에 관한 이메일을 스미스 씨에게 보낼 계획입니다. 그는 비즈니스 이메일을 다음과 같은 문장으로 시작했습니다.

나쁜 예

> Dear Mr. Smith:
>
> With the sun-shine getting brighter day by day, summer seems close at hand. How are you getting along? Well, I am writing to you regarding the transaction we made the day before yesterday.
>
> 스미스 씨
>
> 햇볕이 나날이 따사로워지는 것을 보니 여름이 가까이 왔나 봅니다. 잘 지내고 계신지요? 음, 저는 이틀 전 우리가 체결한 계약에 관한 이메일을 씁니다.

좋은 예

> Dear Mr. Smith:
>
> I am writing to you regarding the transaction we concluded the day before yesterday.
>
> 스미스 씨
>
> 저는 이틀 전 우리가 체결한 계약에 관한 이메일을 씁니다.

비즈니스 이메일에서는 우리가 일반적으로 편지에 쓰는 날씨, 계절 인사, 건강에 대한 염려 등의 문장 없이 바로 논제에 관해 언급합니다.

김 대리는 서울에 있는 프린스호텔에서 열린 파티에 참석해 처음 만난 브라운 씨와 명함을 교환했습니다. 김 대리의 상사인 박 부장과 브라운 씨 사이에는 매수 안건에 관한 교섭이 진행 중입니다. 김 대리는 박 부장으로부터 이 안건에 관하여 브라운 씨에게 이메일을 보내도록 지시받았습니다. 브라운 씨는 친절한 사람이었으므로 친근감 있는 문장으로 꾸몄습니다.

나쁜 예

Dear Mr. Brown:

Hi! Mr. Brown, it's me, Kim. Can you remember we exchanged the name cards at the party which was held at the Seoul Prince Hotel in early May? How is everything? I am surviving.

By the way, my boss, Mr. Park told me to make a contact with you concerning a buyout. May I call you next Monday? Let me explain to you the details of the contract then.

Regard,
Ji Hoon Kim

브라운 씨

안녕하세요! 브라운 씨, 김입니다. 5월 서울 프린스호텔에서 열린 파티 때 명함 교환한 것을 기억하시나요? 하시는 일은 다 잘 되시고요? 저는 그럭저럭 간신히 해나가고 있습니다.

그나저나 제 상사인 박 부장님께서 저에게 매수 안건에 관해 당신에게 연락을 취하라고 지시하셨습니다. 다음 주 월요일에 전화해도 될까요? 그때 구체적으로 이야기를 나누도록 하죠.

김지훈 드림

> 좋은 예

Dear Mr. Brown:

I am writing to you regarding the contract buyout. The marketing manager, Mr. Sun Hong Park told me to contact you. I believe that you know him. May I call you next Monday? Please allow me to explain the details of the contract to you at that time.

Sincerely,
Ji Hoon Kim

브라운 씨

저는 매수 계약에 관련된 이메일을 보냅니다. 영업부장인 박선홍 씨로부터 당신에게 연락을 취하라는 지시를 받았습니다. 아마 그를 아시리라 믿습니다. 다음 주 월요일에 전화를 드려도 되겠습니까? 그때 계약에 관한 상세한 내용을 설명드리겠습니다.

김지훈 배상

친절하게 보이는 사람일지라도 파티에서 단 한 번 만난 사람으로부터 Hi!로 시작되는 편지나 이메일을 받으면 유쾌하지는 않을 것입니다. 또 공식적인 비즈니스 석상에서 자신의 상사를 boss라고 표현하는 것도 무례한 표현이며, 상사의 직함과 이름을 제대로 명기하는 것이 상식입니다. 끝맺음을 할 때도 Regards는 약식 표현이므로 Sincerely를 사용하는 것이 좋습니다.

뉴욕에 주재하고 있는 김지훈 씨는 영어학원 작문 중급반에 등록할 계획입니다. 성실한 성격인 김지훈 씨는 좋은 인상을 주기 위해 중급반 수업을 등록하려는 개인적인 이유를 상세히 적었습니다.

나쁜 예

Dear Admissions Officer:

How do you do? My name is Ji Hoon Kim. I am a Korean and 33-year-old college graduate, currently at the local branch of the First International Bank. Because I work from 9 to 5, I am not able to attend the normal class. I would therefore like to know if you have classes available for adults in the evening.

I would like to sign up for an intermediate class in business writing for the spring semester. Please send me information about when such classes are offered, the cost, and the necessary application forms.

Sincerely,
Ji Hoon Kim

입학 담당자 님

안녕하세요? 저의 이름은 김지훈입니다. 현재 퍼스트 인터내셔널 은행 지점에 근무하는 33세의 대졸 한국인입니다. 저는 9시부터 5시까지 근무하고 있으므로 정규반 출석은 불가능합니다. 따라서 성인을 위한 야간 강의가 있는지 문의하고자 합니다.

봄 학기 중급 비즈니스 작문 강의를 등록하고 싶습니다. 강의 편성 시간과 학비, 그리고 꼭 필요한 입학서류에 관한 정보를 부탁드립니다.

김지훈 배상

> **좋은 예**

Dear Admissions officer:

I would like to sign up for the intermediate classes in business writing for the spring semester. Please send me full information about these classes.

I am looking forward to hearing from you.

Sincerely,
Ji Hoon Kim

입학 담당자 님

저는 봄 학기 중급 비즈니스 작문 강의 등록을 희망합니다. 강의에 관한 정보를 부탁드립니다.

답장 기다리겠습니다.

김지훈 배상

🖱 김지훈 씨가 이메일을 보내는 상대는 학원의 입학담당이며 이 직원은 단지 안내책자를 발송합니다. 학원 등록을 희망하는 개인적인 이유를 길게 늘어놓아 봤자 안내책자 이상은 받을 수 없습니다. 문장을 장황하게 늘어놓으면 오류를 범할 수 있습니다. 또한, 비즈니스 이메일에 How do you do? 표현은 사용하지 않으므로 주의해야 합니다.

Unit 02 지나친 겸손은 오해의 씨

Case 1

박찬호 씨는 입사 지원에 관한 이메일을 스미스 씨에게 보낼 계획입니다. 그는 비즈니스 이메일을 다음과 같은 문장으로 시작했습니다.

Dear Mr. Smith:

I am very honored to write to you about the position offered by your company.❶ My resume is enclosed for your review. I have been looking for a job in a foreign affiliated company located in Seoul.

My English is not good to communicate, but I will make an effort to motivate myself to improve my English if I am hired by your company.❷

I think that my job experience suits the position which appeared in the advertisement. The final decision is up to you,❸ but I am willing to work at your company as a cooperative member no matter how much I am underpaid a couple of years before I get used to the work.❹

If you like,❺ would you send me more detailed information? You can get in touch with me anytime.❻

I am looking forward to hearing from you.

Yours faithfully,❼

Chan Ho Park

스미스 씨

귀사에 지원하게 되어 영광입니다. ❶ 귀사의 심사를 위해 이력서를 동봉했습니다. 저는 현재 서울에 위치한 외국계 기업에 일자리를 찾고 있습니다.

영어로 원활한 의사소통을 하는 데 약간의 어려움이 있지만, 만약 채용이 된다면 저의 영어능력 향상을 위해 노력하겠습니다. ❷

저의 이력은 귀사의 채용공고에 명시된 직무에 적합하다고 판단됩니다. 최종적인 결정은 귀사에 달려있지만, ❸ 채용 후 몇 년간 저임금을 받더라도 일이 익숙해질 때까지 기꺼이 협조적으로 일하겠습니다. ❹

만약 괜찮으시다면 ❺ 업무에 관한 상세한 정보를 보내주시겠습니까? 언제든지 ❻ 연락 바랍니다.

답장 기다리겠습니다.

박찬호 배상 ❼

좋은 예

Dear Mr. Smith:

I am writing in response to your advertisement for a sales manager which appeared in the July 10 issue of the Korea Herald. The position seems to require abilities roughly equivalent to those employed in my current assignment; specifically, strong organizational, problem-solving and communication skills.

I am confident that my broad sales experiences would be an asset to your company. I enclose my resume and look forward to discussing with you personally how I can help your company achieve its sales goals.

Thank you very much.

Sincerely yours,
Chan Ho Park

스미스 씨

7월 10일자 코리아 헤럴드에 게재된 판매부장 채용에 관해 이메일을 보냅니다. 이 업무는 제가 현재 담당하고 있는 업무, 특히 조직적인 문제해결 능력과 의사전달 능력을 요구한다는 점에서 거의 동일합니다.

저의 광범위한 판매경험이 귀사에 도움이 될 수 있을 것이라고 자신합니다. 이력서를 동봉하였으며, 어떠한 방법으로 귀사에 공헌할 수 있을지 말씀 나눌 수 있는 기회가 주어지기를 기대합니다.

감사합니다.

박찬호 배상

박찬호 씨가 공들여 작성한 커버레터입니다. 하지만 인사담당자가 나쁜 예를 읽는다면 박찬호 씨는 채용되기 어려울 것입니다. 그 이유는 영문 커버레터의 서식을 전혀 고려하지 않고 한국어로 문장을 쓴 다음 영어로 번역한 것이기 때문입니다.
자, 틀린 문장을 검토해봅시다.

❶ 이 문장은 테이블 스피치(탁상 연설)나 공식적인 회의석상에서 사용되는 문장입니다.
❷ 영어를 못한다고 스스로 고백하면 당연히 불합격 될 것입니다. 회사는 즉시 업무에 투입할 수 있는 인력 채용이 목적입니다.
❸ '최종 결정은 귀사에 달려있다'는 것은 자명한 일입니다. 필요 없는 문장입니다.
❹ 회사는 당신의 열정이 아닌, 능력과 경험을 사는 것입니다.
❺ If you like는 구어체이므로 커버레터에 사용하기 부적절합니다.
❻ '언제든지'를 anytime이라고 표현했습니다. 매너를 지키기 위해 구체적인 일시를 명기해야 합니다.
❼ Yours faithfully가 아닌 Sincerely Yours가 옳은 표현입니다. Yours faithfully는 상대방의 이름을 몰라 Dear Sir/Madam으로 서두의 수신인 명을 시작하는 경우에 쓰입니다.

박찬호 씨가 처음부터 영문으로 생각하고 작문했다면 지나치게 겸손해서 상대방이 불편함을 느낄 만한 이메일은 쓰지 않았을지도 모릅니다. 영어적인 사고방식으로 처음부터 영어로 작문하는 습관이 영작문 능력 향상의 지름길입니다.

 **문장의 단락을 효과적으로 이용하자!**

영어 학원에서 영어문서 작성훈련 프로그램의 영업담당인 정인호 씨는 출장수업 코스를 홈페이지에 게재하였습니다.

나쁜 예

Intra-Company Training in Business Letter Writing

Dear Human Resources manager:

If you are seeking ways to improve the business letter writing ability of your staff, please consider our English training program. Using a well organized, established course of study, our experienced instructors will visit your offices on the day and time of your choosing. Soon your staff will be writing business letters more naturally, more clearly, and more persuasively. Please contact us to find out about group discounts and more.

Sincerely,
In Ho Jung
Sales Manager

사내 비즈니스 영어문서 작성훈련

인사교육부장 님

직원의 영어문서 작성능력의 향상을 원하신다면 저희 영어훈련 프로그램을 이용하십시오. 잘 짜인 확증된 학습방법, 경험이 풍부한 교사들이 지정하신 시간과 날짜에 찾아갑니다. 연수 후 머지않아 사원들은 더욱 자연스럽고 간결하며 설득력 있는 비즈니스 문서를 작성하게 될 것입니다. 단체할인과 그 밖의 정보를 원하시면 연락 바랍니다.

영업부장
정인호 배상

> **좋은 예**

Intra-Company Training in Business Letter Writing

Dear Human Resources manager:

If you are seeking ways to improve the business letter writing ability of your staff, please consider our English training program.

Using a well organized, established course of study, our experienced instructor will visit your offices on the day and time of your choosing. Soon your staff will be writing business letters more naturally, more clearly, and more persuasively.

Please contact us to find out about group discount or more.

Sincerely,
In Ho Jung
Sales Manager

사내 비즈니스 영어문서 작성훈련

인사교육부장 님

직원의 영어문서 작성능력 향상을 원하신다면 저희 영어훈련 프로그램을 이용하십시오.

잘 짜인 학습방법과 체계적인 수업진행, 경험이 풍부한 교사들이 지정하신 시간과 날짜에 찾아갑니다. 머지않아 직원들은 더욱 자연스럽고 간결하며 설득력 있는 영문을 작성하게 될 것입니다.

단체할인과 그 밖의 정보를 원하시면 연락 바랍니다.

영업부장
정인호 배상

단락의 구성에 따라 작문의 좋고 나쁨이 결정됩니다. 단락 구성에 성공하면 읽는 사람의 관심을 끌 수 있지만, 그렇지 않은 경우 의미를 효과적으로 전달하지 못해 무시당할 수 있습니다. 앞뒤 문장과 비교해 문맥이나 내용이 달라지면 당연히 새로운 단락으로 작성해야 합니다. 글의 단락을 효과적으로 작성하면 읽는 사람이 요점을 빠뜨리지 않고 읽을 수 있기 때문에 전체적인 내용을 보다 빨리 파악할 수 있습니다. 반대로, 하나의 단락이 너무 길어지면 글을 읽는 사람이 집중할 수 없습니다.

정인호 씨의 경우에도 문장의 요점을 고려하여 단락을 나누어야 합니다. 오류가 있는 문장은 읽는 사람을 불쾌하게 할 뿐만 아니라 글쓴이의 교양수준까지 의심하게 합니다.

Unit 04 연속적인 부정문의 사용을 피하자!

김지훈 씨는 그가 담당하고 있는 프로젝트 때문에 싱가포르 자회사에 근무하는 존스 씨에게 메일을 보냈습니다. 김지훈 씨는 존스 씨에게 꼭 전하고 싶은 사항을 작성했지만, 존스 씨가 정확히 요점을 파악하기 어려울 것 같습니다.

나쁜 예

Dear Mr. Jones:

I am not writing about your proposal which met our expectations.

The president has already approved that. What I would like to ask is how many months you need to get it completed. I do not suppose that the construction will not be completed by the end of the year if it is launched this May.

Sincerely,
Ji Hoon Kim

존스 씨

저희 기대를 충족시킨 귀하의 제안에 관해 메일을 쓰는 것은 아닙니다.

사장은 이미 승인했습니다. 제가 문의하고자 하는 것은 귀하가 그것을 완료하는 데 몇 개월이 걸리는지 입니다. 올해 5월 착공하면 연말까지 완료하지 못할 이유가 없다고 판단됩니다.

김지훈 배상

> 좋은 예

Dear Mr. Jones:

I am wondering how many months you will need to get the project completed. I believe that the construction should be completed by the end of the year if it launched this May.

If you think otherwise, please notify me immediately.

Sincerely,
Ji Hoon Kim

존스 씨

이 프로젝트가 완료되는 데 몇 개월이 소요되는지 문의하고자 합니다. 올해 5월에 착공하면 연말까지 완료할 수 있으리라 판단됩니다.

만약 다른 의견이 있으시다면 빠른 통보 부탁드립니다.

김지훈 배상

영문편지나 이메일은 부정문으로 시작하지 않습니다. 항상 첫 문장은 긍정문으로 시작한다는 것을 반드시 기억하기 바랍니다. 부정문을 연속적으로 사용한다면 편지나 이메일의 느낌이 전체적으로 어두워지고 수신자로 하여금 좋지 않은 인상을 받게 합니다. 또 문장의 의미를 애매모호하게 만드는 이중부정문의 사용은 반드시 피하도록 합시다.

Case 2

박정훈 씨는 마케팅부장인 케네디 씨에게 사업계획에 관한 메일을 보냈습니다. 현재 사업의 진행은 박정훈 씨의 회사를 비롯하여 업계에서 순조롭지 않지만, 앞으로의 전망은 밝습니다.

나쁜 예

Dear Mr. Kennedy:

Most companies are not making profits in this industry. Also our company is not making profits. However I do not think that the industry is not in a good prospect. I am sure that it is growing in the future.

Sincerely,
Jung Hoon Park

케네디 씨

업계의 거의 모든 기업들이 이익창출을 못 하고 있습니다. 저희도 마찬가지로 이익창출에 어려움을 겪고 있습니다. 하지만 저는 이 업계의 미래가 나쁘다고 생각지 않습니다. 저는 미래에 성장할 것이라고 확신합니다.

박정훈 배상

> **좋은 예**
>
> Dear Mr. Kennedy:
>
> Although business in our industry sector has been weak, and many companies are facing difficulties including ours, I do believe that prospects are positive for the coming year.
>
> Sincerely,
> Ji Hoon Park
>
> 케네디 씨
>
> 저희 업계는 하향성장의 연속으로 저희 회사를 포함한 많은 기업이 이익창출에 어려움을 겪고 있습니다만, 다가오는 해에는 호전될 것이라 전망합니다.
>
> 박정훈 배상

🖱 부정문이 많은 글을 꼭 써야만 하는 경우, 대담하게 하나의 문장으로 묶어서 긍정문으로 전환해야 합니다. 불필요한 문장은 될 수 있으면 삭제하고 간결하게 만드는 것이 좋습니다.

Unit 05 대명사를 활용하자!

Case 1

런던에 살고 있는 김혜진 씨는 여성 잡지에서 립스틱 광고를 발견했습니다. 그리고 그 상품에 관한 문의를 하기 위해 이메일을 보냈습니다.

나쁜 예

Dear Editor:

I saw your lipstick model 321 in the March 2012 issue of "Beautiful ladies". I am very interested in the lipstick model 321. Where can I get the lipstick model 321?

I am looking forward to hearing from you.

Sincerely,
Hye Jin Kim

편집담당자 님

『뷰티풀 레이디즈』 2012년 3월호에 실린 립스틱 321을 보았습니다. 저는 립스틱 321이 아주 마음에 들었습니다. 어디서 립스틱 321을 구매할 수 있습니까?

답장을 기다리겠습니다.

김혜진 배상

> **좋은 예**

Dear Editor:

I saw your lipstick Model 321 in the March, 2012 issue of "Beautiful ladies." Could you tell me where it is available?

Your prompt reply will be appreciated.

Sincerely,
Hye Jin Kim

편집담당자 님

『뷰티풀 레이디즈』 2012년 3월호에 실린 립스틱 321을 보았습니다. 어디서 구매 가능한지 말씀해 주시겠습니까?

빠른 답변 주시면 감사하겠습니다.

김혜진 배상

한 단락에 같은 의미의 명사나 문장을 여러 번 반복하면 문장이 장황한 느낌을 줍니다. 대명사를 활용함으로써 문장의 장황함을 줄일 수 있습니다.

Case 2

심건우 씨는 동료 이민호 씨에게 프로젝트에 관한 전달사항이 있다는 것을 깜빡 잊었습니다. 이 일을 그의 상사인 블루멘달 씨에게 이메일로 보고했습니다.

나쁜 예

Dear Mr. Blumenthal:

I wanted to say to Mr. Lee about the next project yesterday.

But, I forgot to say to Mr. Lee about the next project today. I am going to say to Mr. Lee about the next project tomorrow.

Sincerely
Kun Woo Sim

블루멘달 씨

어제 이민호 씨에게 다음 프로젝트에 관해 말하려 했습니다. 그러나 오늘 이민호 씨에게 다음 프로젝트에 관해 말하는 것을 잊어버렸습니다. 내일 이민호 씨에게 다음 프로젝트에 관해 말하겠습니다.

심건우 배상

좋은 예

Dear Mr. Blumenthal:

Yesterday, I forgot to tell Mr. Lee about the next project. I am going to tell him about it tomorrow.

Sincerely
Kun Woo Sim

블루멘달 씨

어제 이민호 씨에게 다음 프로젝트에 관해 말하는 것을 잊었습니다. 내일 말하겠습니다.

심건우 배상

나쁜 예에는 많은 오류가 있습니다. 의미가 같은 표현이 여러 번 중복 사용되어 수신자에게 불쾌감을 줄 뿐만 아니라 발신자의 교양수준까지 의심이 가게 합니다. 좋은 예는 효과적인 대명사의 사용으로 간결해진 문장입니다.

Unit 06 상대방을 배려하는 문장을 작성하자!

뉴욕 지사에 근무하는 박인구 씨는 동료 앤소니 씨가 러시아어를 가르쳐 준 데 대한 감사의 이메일을 보냈습니다.

나쁜 예

Dear Anthony:

I am grateful for your kindness in helping me learn Russian. I definitely enjoyed your lesson. Besides, I find it provocative and interesting.

Best regards,
In Ku Park

앤소니 씨

친절히 러시아어를 가르쳐주셔서 감사합니다. 저는 레슨이 정말 즐거웠습니다. 게다가 자극적이며 흥미롭다고 느꼈습니다.

박인구 드림

좋은 예

Dear Anthony:

I am grateful for your kindness and helping me learn Russian. Your lesson was provocative and interesting.

Regards,
In Ku Park

앤소니 씨

친절히 러시아어를 가르쳐주셔서 고맙습니다. 당신의 레슨은 아주 자극적이며 재미있었습니다.

박인구 드림

> I를 되풀이하면 읽는 사람에게 거만한 느낌을 줍니다. 말끝마다 '내가, 나는'이라고 말하는 자기중심적인 사람이라는 인상을 주기 때문입니다. 작문이 끝난 후에 I로 시작되는 문장이 너무 많다는 생각이 들면 다른 단어를 주어로 문장을 다시 작성하는 것이 좋습니다.

Case 2

김지우 씨는 런던 지사에서 경영위원회를 주최하게 되어 경영위원 존 밀러 씨에게 이메일을 보냈습니다.

나쁜 예

Dear Mr. Miller:

I have been appointed to chair the committee and I will be asking members to speak at these meeting.

I would like you to pick up some topics you are concerned with in relation to management effectiveness.

Sincerely,
Ji Woo Kim

밀러 씨

제가 위원회 의장으로 임명되었습니다. 이번 일련의 회의에서 위원들이 연설을 해주셨으면 합니다.

경영효과에 관련된 관심 있는 화제를 선택해주시기 바랍니다.

김지우 배상

좋은 예

Dear Mr. Miller:

As chairman, I will be inviting members to speak at our upcoming meetings.

Your input on management topics are certainly welcome!

Sincerely,
Ji Woo Kim

밀러 씨

의장으로서, 위원 여러분이 다가오는 회의에서 연설해주셨으면 하는 뜻을 전합니다.

경영에 관련된 주제라면 대환영입니다!

김지우 배상

나쁜 예에서는 주어로 I가 3번이나 사용되었습니다. 좋은 예에는 부탁을 하는 동사로 ask보다 더욱 정중한 표현인 invite가 쓰였으며, 전체적으로 위원회의 개최가 자연스럽게 전달되고 있습니다.

홍경구 씨는 부품 배달 지연으로 인해 발송일이 연기된 사실을 통보하는 이메일을 보냈습니다.

나쁜 예

Dear Mrs. Curtis;

I am sorry to report that because of a severe winter storm which closed our factory and disrupted delivery of two critical components your shipment will be two weeks late.

But we have now received all the necessary parts and our crew is working overtime to put production back on schedule.

Sincerely,
Kyoung Ku Hong

커티스 씨

혹한에 불어 닥친 폭풍으로 인해 공장이 폐쇄되고 중요한 두 가지 부품의 배달이 늦어져 제품 발송이 2주일 지연됨을 전하게 되어 유감스럽게 생각합니다.

그러나 현재 필요한 모든 부품을 갖추었으며 직원들은 생산일정을 정상화하기 위해 시간 외 작업을 하고 있습니다.

홍경구 배상

> 좋은 예

Dear Mrs. Curtis;

I am sorry to report that your shipment will be two weeks late. A winter storm that closed our factory disrupted delivery of our critical components. However, we now have all the necessary parts, and our crew is working overtime to put production back on schedule.

Sincerely,
Kyoung Ku Hong

커티스 씨

제품의 도착이 2주일 늦어짐을 전하게 되어 유감입니다. 혹한에 불어 닥친 폭풍으로 인해 공장이 폐쇄되고 중요한 두 가지 부품의 배달이 지연되었습니다. 그러나 현재 모든 필요한 부품이 갖추어 졌으며 직원들은 생산일정을 정상화하기 위해 시간 외 작업을 하고 있습니다.

홍경구 배상

> 상대방이 가장 중요하게 생각하고, 알고 싶어 하는 내용을 문장의 서두에 둡니다. 나쁜 예에서는 자신들에게 일어난 사고를 중심으로 서술하고 있기 때문에 적절하지 않습니다.

수동태의 연속은 피하자!

Case 1

호주 기업에서 일하는 전민욱 씨는 서울지사장인 클라크 씨로부터 시드니에 새로운 공장이 건설 중임을 통보받았습니다. 그리고 지사장은 전민욱 씨의 부하직원인 톰 부시 씨에게 진척상황의 확인을 위한 시드니 출장을 지시했습니다. 전민욱 씨는 이에 관련된 메일을 톰에게 보냈습니다.

나쁜 예

Dear Tom:

I was told by the president that the new plant is being built in Sydney. You are requested to go to Sydney to see how it is progressing.

Best regards,
Min Uk Jun

톰에게

사장으로부터 새로운 공장이 시드니에 건설되고 있다는 소식을 들었습니다. 공장 건설의 진척상황 파악을 위해 당신에게 시드니 출장을 지시했습니다.

전민욱 배상

> **좋은 예**
>
> Dear Mr. Bush:
>
> The president has told me that we are building a new plant in Sydney, and he suggested that you go to Sydney to see how it is progressing.
>
> Best regards,
> Min Uk Jun
>
> 부시 씨
>
> 사장은 우리 회사가 현재 시드니에 새로운 공장을 건설 중이라고 말하며, 당신이 공장 건설의 진척 상황 파악을 위해 시드니로 출장 갈 것을 권유했습니다.
>
> 전민욱 배상

수동태는 보통 학술논문이나 보도자료에 많이 사용됩니다. 반면, 비즈니스 서신에 수동태를 사용하면 명확한 의미전달이 어려워져 글쓴이의 태도가 소극적으로 받아들여지고 책임의 소재도 모호해집니다. 비즈니스 이메일은 뜻이 명확하고 쉽게 이해가 가도록 쓰는 것을 원칙으로 합니다. 또한 부하 직원에게 보내는 사내 메일이라고 해서 Tom이라는 이름으로 부르는 것도 예의에 어긋납니다.

 영어회화처럼 작문하지 말자!

홍기봉 씨는 상사인 박용훈 부장으로부터 거래처 헬러 씨에게 울산에 있는 비효율적인 공장운영에 관해 이메일로 연락을 취하라는 지시를 받았습니다. 항상 전화로 상대했기 때문에 구어체 문장으로 이메일을 작성하는 실수를 범했습니다.

나쁜 예

Dear Mr. Heller:

Let me see, the sales manager of our Seoul office, Mr. Park, suggested I contact you regarding the latest report on the reduced efficiency of our factory located in Ulsan. Our review is attached.

By the way, I would like to discuss a new marketing strategy with you with special reference to Hong kong. This matter should be settled as soon as possible.

Well, I sincerely hope that you take care of yourself because the weather has been very changeable recently. Anyway, I am looking forward to hearing from you soon.

Sincerely,
Ki Bong Hong

헬러 씨

어디 보자, 최근 보고된 울산 공장의 업무효율성 저하에 관하여 서울 본사의 박 부장님으로부터 당신에게 연락을 취하라는 지시를 받았습니다. 저희 측의 견해를 첨부합니다.

그건 그렇고 저는 당신과 함께 우리의 새로운 판매전략, 특히 홍콩에 관련된 사항에 관하여 논의하고 싶습니다. 이 안건은 가능한 한 빨리 종결되는 것이 좋습니다.

그런데 최근 날씨가 매우 변덕스러우니 건강에 유의하시기 바랍니다. 아무튼 답장을 기다리겠습니다.

홍기봉 배상

좋은 예

Dear Mr. Heller:

The sales manager of our Seoul office, Mr. Park, suggested I contact you regarding the latest report on the reduced efficiency of our factory in Ulsan. Our review is attached.

Also, I would like to discuss a new marketing strategy with you with special reference to Hong kong. This matter needs to be settled as soon as possible.

I am looking forward to hearing from you soon.

Sincerely,
Ki Bong Hong

헬러 씨

서울 본사의 판매부장 박용훈 씨로부터 최근 보고된 울산 공장의 업무효율성 저하에 관하여 당신에게 연락을 취하라는 지시를 받았습니다. 저희 측의 견해를 첨부합니다.

또한 저는 당신과 함께 우리의 새로운 판매전략, 특히 홍콩에 관련된 사항에 관하여 논의하고 싶습니다. 이 안건은 최대한 빠른 시일 내에 종결될 필요가 있습니다.

답장 기다리겠습니다.

홍기봉 배상

> by the way, anyway와 같은 부사의 사용은 영작을 할 때 범하기 쉬운 오류입니다. 대개 자기 자신도 모르게 구어체 회화 표현을 작문에 사용하는 실수를 범합니다. 비즈니스에 관련된 문서에서 이와 같은 회화적 표현을 사용하는 경우는 거의 없습니다. 또, 마지막 단락처럼 상대방의 건강에 대한 관심이나 배려하는 표현은 삭제하는 것이 바람직합니다.

지나친 관계대명사 사용에 주의하자!

Case 1

외국계 게임소프트웨어 회사에 근무하는 이지훈 씨는 3월에 있을 게임소프트웨어 전시회 참가를 위해 상사인 로스 씨에게 허가를 받고자 이메일을 보냈습니다.

Dear Mr. Ross:

May I have your permission to attend 2012 national game software convention which I suppose provides new game trends for game software manufacturer?

The convention will be held under the auspices of the Korea Game Association on March 12-15. The venue will be at the Trade Center which is near Samseong subway station.

It is good opportunity to get latest information to establish a new management strategy.

Best regards,
Ji Hoon Lee

로스 씨

게임소프트웨어 제조업자에게 새로운 방향을 제시해줄 2012년 전국 게임소프트웨어 전시회 참가를 허가해주시기 바랍니다.

전시회는 3월 12일부터 15일까지 한국 게임협회의 후원 아래 열립니다. 장소는 삼성역 근처의 무역센터입니다.

새로운 경영전략 확립에 필요한 최신 정보를 얻을 수 있는 절호의 기회입니다.

이지훈 드림

> **좋은 예**

Dear Mr. Ross:

May I have your permission to attend the 2012 national game software convention?

I will fill you in on all the details at this afternoon meeting.

Best regards,
Ji Hoon Lee

로스 씨

2012년 전국 게임소프트웨어 전시회 참가를 허가해주시기 바랍니다.

오늘 오후 회의에서 상세하게 말씀 드리겠습니다.

이지훈 드림

비즈니스 이메일에 관계대명사는 가능한 한 사용하시 않는 것이 좋습니다. 관계대명사의 사용은 문장의 격조를 높이고 중후한 느낌이 들게 하지만, 비즈니스에 필요한 명료성이나 신속함을 잃게 합니다. 이메일에서 쓰는 경우 1~2회로 제한하는 것이 좋습니다. 또 메일을 수신하는 사람이 전시회에 관해 알고 있다면 더욱 간결하게 참가 허가에 관한 문장으로만 한정해서 작성해야 합니다.

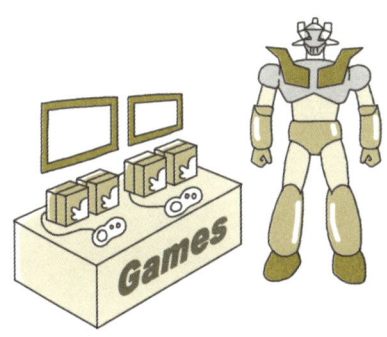

Unit 10 관계부사의 사용은 금물!

Case 1

박만국 씨는 자신이 서울지사장에 위임된 사실과 서울지사에는 최신식 컴퓨터가 도입되었다는 소식을 홍콩에서 일하는 동료 제이콥 닐슨 씨에게 이메일로 전했습니다.

나쁜 예

Dear Jakob:

I am appointed for the chief representative at the Seoul office where state of art computers have been introduced for increasing sales amounts recently.

When you visit our office, let me explain the efficiency of the computer system by which our management has become more streamlined than it.

Best regard,
Man Kuk Park

제이콥 씨

저는 최근 판매량 증가를 위해 최신식 컴퓨터를 도입한 서울지사의 대표로 임명되었습니다.

당신이 저희 지사를 방문하시면 더욱 능률화된 컴퓨터 시스템의 효율성을 설명해드리겠습니다.

박만국 드림

좋은 예

Dear Neilson:

I have been appointed for the chief representative of the Seoul office. In our office, you will find the newly introduced state of the art computer system increasing total sales revenues.

When you visit us, I would be most pleased if you become familiar with the new system and ways of using it to enhance productivity.

Best regards,
Man Kuk Park

닐슨 씨

저는 서울지사장으로 임명되었습니다. 우리 지사에는 전체적인 판매수익을 증가시키는 최신 컴퓨터 시스템이 도입되었습니다.

당신이 서울지사에 방문하시면, 생산성 증가를 위한 시스템 활용방법과 이 새로운 시스템 자체에 익숙해지길 진심으로 바라는 바입니다.

박만국 드림

관계부사는 관계대명사와 마찬가지로 이메일에 사용하지 않는 것이 좋습니다. 비즈니스에 관련된 이메일은 온갖 영문법이 동원된 현란한 대학논문의 영작문과 달리 간결하고 명료한 문장이 요구됩니다. 또 위의 경우 박만국 씨가 동료지만 제이콥 씨의 이름을 사용하는 것도 예의에 어긋나는 행동입니다.

같은 의미로 반복된 표현을 피하자!

시카고 주재 김정수 씨는 거액 거래 고객인 엔젤 씨로부터 반품에 관한 문의를 받고 다음과 같이 회신했습니다.

나쁜 예

Dear Mr. Angell:

Thank you for your inquiry about returned merchandise.

Although it is our policy to accept returned merchandise that is in good condition, returned merchandise that is not salable cannot be accepted.

We look forward to your next order.

Sincerely yours,
Jung Soo Kim

엔젤 씨

반품에 관해 문의해주셔서 감사합니다.

회사의 방침으로 상태가 좋은 제품에 한하여 반품을 받고 있지만, 재판매가 불가능한 제품은 반품을 받을 수 없습니다.

다음 주문을 기다리겠습니다.

김정수 배상

> **좋은 예**

Dear Mr. Angell:

Thank you for your inquiry about returned merchandise.

As it is our policy to accept only returns of salable merchandise, we regret that we cannot refund your purchase.

We look forward to your next order.

Sincerely,
Jung Soo Kim

엔젤 씨

반품에 관해 문의해주셔서 감사합니다.

회사의 방침상 재판매 가능한 제품만 반품을 받는 관계로, 유감스럽게도 귀하의 구매에 대한 환불 요청에 응해드릴 수 없습니다.

다음 주문을 기다리겠습니다.

김정수 배상

영작을 할 때 뜻이 같은 문장의 반복은 기피해야 합니다. 이런 문장은 상황한 인상을 주기 때문입니다. 예를 들어 "어머니는 요즘 작아 보입니다. 그 이유는 최근 제 키가 컸기 때문입니다."와 같이 너무 당연한 이야기를 에둘러 말하는 것과 같습니다.

Grocery

영작을 할 때 틀리기 쉬운 것이 단어의 분리법*입니다. Interestin-g이나 intere-sting은 잘못 분리시킨 경우인 반면, inter-esting이나 interest-ing은 올바르게 분리된 예입니다. 단어의 분리점이 확실하지 않다면 사전을 찾아 확인하는 것이 좋습니다.

* 분리법이란 한 단어가 그 행에 다 놓일 수 없을 때 글쓴이가 하이픈을 넣고 단어를 분할하여 행을 바꾸는 포맷 상의 서식입니다.

시카고 공장에서 노무를 담당하고 있는 김기우 씨는 노사관계 전문가와 회사 내부관리자 사이의 의견이 엇갈려 발생한 문제에 관해 덴버 공장 공장장을 맡고 있는 헬솝 씨에게 이메일을 보냈습니다.

나쁜 예

Dear Mr. Helsop:

I am writing to you regarding the industrial relations of our company.

According to the hearings conducted recently, most industrial relations specialists recommend that employees participate in job evaluations though many managers think that employee participation is not desirable.

I look forward to hearing your comments on this matter.

Sincerely yours,
Ki Woo Kim

헬솝 씨

저희 회사 노사관계에 관한 이메일을 씁니다.

최근에 열린 공청회에 따르면 대부분의 노사관계 전문가들은 직원들이 업무평가에 참가해야 한다고 권고했으나, 많은 관리자는 직원들이 업무평가에 참가하는 것은 바람직하지 않다고 생각합니다.

이 문제에 관해 당신의 의견을 듣고자 합니다.

김기우 배상

> **좋은 예**

Dear Mr. Helsop:

I am writing to you regarding the industrial relations of our company.

According to the hearing conducted recently, most industrial relations specialists recommend that employees participate in job evaluations though many managers do not share this point of view.

I look forward to hearing your comments on this matter.

Sincerely yours,
Ki Woo Kim

헬솝 씨

저희 회사 노사관계에 관한 이메일을 씁니다.

최근에 열린 공청회에 따르면 대부분의 노사관계 전문가들은 직원들이 업무평가에 참가해야 한다고 권고했으나, 많은 관리자들은 이 견해에 반대하고 있습니다.

이 문제에 관해 당신의 의견을 듣고자 합니다.

김기우 배상

나쁜 예의 제2단락에는 [S(주어)+V(동사)]로 구성되는 문장이 4개지만, 좋은 예의 경우에는 3개입니다. 이메일을 간결하게 쓰기 위해 가능한 한 문장 수를 줄이는 것이 좋습니다.

Unit 12 주제를 하나로 집중시키자!

Case

샌프란시스코의 교외에 사는 정찬우 씨는 광고에 게재된 주택의 구입을 결심했습니다. 또 현재 살고 있는 집의 매각도 그 광고를 게재한 부동산 업자에게 의뢰하고자 합니다.

나쁜 예

Dear ABC Real Estate:

Please consider this e-mail as our official notice of intent to purchase the house you are offering.

Concurrently, we would like you to help us to sell the house we are living now. Would you estimate a price?

We are looking forward to hearing from you.

Sincerely,
Chan Woo jung

ABC 부동산 귀중

이 이메일은 귀사에서 광고한 주택의 구매의사를 밝히는 정식 통고입니다.

동시에 제가 현재 살고 있는 집의 매각을 부탁드립니다. 가격을 견적해주시겠습니까?

답장 기다리겠습니다.

정찬우 배상

> **좋은 예**

Dear ABC Real Estate:

Please consider this e-mail as our official notice of intent to purchase the house at 235 West Point St., San Francisco, California, for the previously agreed price of $95,000.

Thank you for your assistance in finalizing this deal. We look forward to moving in.

Sincerely,
Chan Woo Jung

ABC 부동산 귀중

이 이메일은 샌프란시스코 웨스트포인트가 235번지의 주택을 양측이 동의한 가격 9만 5천 달러에 구입하겠다는 정식 통고입니다.

거래 정리에 도움을 주셔서 감사합니다. 새로운 집에서의 생활을 기대합니다.

정찬우 배상

한 통의 이메일(편지)에 한 가지 주제만 논의하는 것이 원칙이므로 한 가지 주제 아래 일관성을 가지고 써야 합니다. 비록 정찬우 씨가 집을 매각하고 싶다고 하더라도 집의 거래와 같은 중요한 주제는 별도의 이메일이나 편지로 상세하게 쓰는 것이 좋습니다.

Unit 13 감정적인 표현을 피하자!

Case 1

LA의 고급호텔에 체류할 예정이었던 정찬우 씨는 호텔 측의 실수로 숙박할 수 없었습니다. 정찬우 씨는 화를 참지 못해 다음과 같은 이메일을 호텔 지배인 앞으로 보냈습니다.

나쁜 예

Dear General Manager:

I was very disappointed and angry about your mistake regarding my reservation. It was cancelled due to your default though it had been confirmed.

It was quite annoying when my complaint was rejected by your reservation manager because he was too busy to attend to me.

Don't you think you should owe me an apology and compensation for this grave mistake? I am enraged and disgusted by this matter.

Sincerely,
Chan Woo Jung

지배인 님

호텔 예약에 관한 당신의 실수에 실망과 분노를 감출 수 없습니다. 예약을 확인했음에도 불구하고 호텔 측의 근무태만에 의해 예약이 취소되었습니다.

예약 담당자가 너무 바쁘다는 이유로 저의 항의를 거절해 매우 당혹스러웠습니다.

이처럼 예사롭지 않은 실수에 대한 사과와 배상이 있어야 옳다고 생각지 않습니까? 저는 이 일로 아직도 화를 가라앉히지 못하고 있습니다.

정찬우 배상

> **좋은 예**

Dear General Manager:

My reservation was cancelled though it had been confirmed. Will you tell me what happened? I realize that there could be several explanations.

I hope you will look into the situation to ensure that other customers do not suffer the same inconvenience.

Sincerely,
Chan Woo Jung

지배인 님

예약확인을 했음에도 불구하고 제 예약이 취소되었습니다. 도대체 무슨 사정이 있었는지 설명해주시겠습니까? 분명히 몇 가지 이유가 있으리라 생각합니다.

이러한 실수로 인해 다른 고객들이 불편을 겪지 않도록 철저히 상황을 확인해주시기 바랍니다.

정찬우 배상

> 감정적인 표현을 하면 속이 후련해질 수는 있지만, 수신자의 태도를 경화시키고 교섭을 어렵게 만들 가능성이 큽니다. 따라서 비즈니스 이메일에서는 upset, angry, annoying, annoyed, go mad 등의 단어는 금기에 가깝다고 할 수 있습니다. 클레임이나 컴플레인은 논리적으로 냉정하게 서술해야 합니다. 특히 클레임의 경우 해결의 중점을 어디에 두는가가 매우 중요합니다.

Grocery

상대가 여성이며, 기혼인지 미혼인지 모르고 있는 경우 성 앞에 어떤 서두를 써야 옳은지 혼동될 때가 많습니다. 이러한 경우 Ms.라고 해야 합니다. 기혼임을 확실히 알고 있다면 Mrs.를 쓰고 미혼이면 Miss를 씁니다.

비즈니스 이메일에서 잦은 연락으로 친해진 사이라고 할지라도 Dear Bennett(친애하는 베넷)과 같은 표현을 사용하는 것은 좋지 않습니다.

 난해한 문장의 사용을 피하자!

기술자인 심건우 씨는 진행 중인 프로젝트에 관련하여 고객인 케네디 씨를 방문할 예정이었습니다. 그러나 폭설로 인해 외출을 못하게 되어 대신 케네디 씨에게 이메일을 보내기로 했습니다.

나쁜 예

Dear Mr. Kennedy:

I am sorry that the heavy snow prevents me from visiting you.

Let me contact you tomorrow.

According to the schedule, the construction is under way. It can be thought that the well-prepared plan will enable us to build the factory.

Sincerely,
Kun Woo Sim

케네디 씨

유감스럽게도 폭설로 인해 방문할 수 없게 되었습니다.

제가 내일 연락드리겠습니다.

현재 공사는 계획대로 진행되고 있습니다. 잘 준비된 계획에 의해 공장건설은 차질 없이 진행될 것입니다.

심건우 배상

> **좋은 예**

Dear Mr. Kennedy:

Because it is snowing heavily, I regret that I cannot visit you. Please allow me to contact you tomorrow.

Construction is progressing according to the schedule. Thanks to our comprehensive planning, I believe that we will be able to finish construction on time.

Sincerely,
Kun Woo Sim

케네디 씨

폭설로 인해 당신을 방문할 수 없게 되어 유감입니다. 내일 연락드리겠습니다.

공사는 우리의 계획대로 잘 진행되고 있습니다. 잘 준비된 계획 덕분에 기한 내에 공장건설을 완료할 수 있을 것입니다.

심건우 배상

한국인은 수험 영어의 영향으로 분사구문, 수동태, 관계대명사, 관계부사, 난해한 동사 등을 구사해 문장을 복잡하게 만드는 경향이 있습니다. 복잡한 문장은 글쓴이의 지적 호기심을 충족시켜줄 수는 있지만, 수신자에게는 불편하고 읽고 싶지 않은 느낌을 줍니다. 간결하고 명료한 문장이 수신자에게 호감을 줄 수 있습니다.

비즈니스 이메일은 간단명료하게!

미국에서 회사에 근무하는 박일준 씨는 인사체계 연구결과를 부사장 램 씨에게 이메일로 보냈습니다. 박일준 씨는 어려운 문장을 화려하게 나열한 메일을 보냈습니다.

나쁜 예

Dear Mr. Lamb:

My analytical evaluation of the incentive plan that has been instituted revealed myriad discrepancies and inconsistencies and serious inequalities among employees.

It may be concluded that a new revised plan must be taken into consideration to enhance employees' motivation at work.

Sincerely,
Il Joon Park

램 씨

동기부여 계획에 대한 저의 분석으로는 종업원 사이에는 커다란 의견의 격차, 제각기 다른 생각, 불평등감이 존재합니다.

종업원들의 동기부여를 높이기 위해 새로이 보강된 계획을 세워야합니다.

박일준 배상

> **좋은 예**

Dear Mr. Lamb:

I have studied our present incentive plan carefully, and I believe some changes are necessary. What bothers me most is that the plan is very fair to some, but very unfair to others.

Sincerely,
Il Joon Park

램 씨

현재의 동기부여 계획에 대하여 신중히 연구해본 결과 약간의 수정이 불가피하다고 판단됩니다. 제가 가장 고민하는 부분은 이 계획이 어떤 사람들에게는 공평한 반면, 어떤 사람들에게는 불공평하다는 것입니다.

박일준 배상

비즈니스 이메일은 평범하고 간결하게 작성하는 것이 중요합니다. 논문이나 소설 등에 사용되는 난해한 표현은 원활한 의사소통을 어렵게 합니다. 비즈니스 문서와 학술논문의 차이점은 비즈니스 문서는 능동태로 쓰이는 반면, 학술논문은 보통 수동태로 쓰인다는 것입니다.

Case 2

홍경구 씨는 배송과 관련된 고객의 문의에 이미 발송이 완료되었다는 내용의 이메일을 답장으로 보냈습니다.

나쁜 예

Dear Mr. Parkinson;

We have received your letter of March 8 in which you state that the order for 12 books which you placed by telephone on February 25 and which was to be shipped by DHL has not been received as of the date of writing. However, after checking the shipping record, we found that your order was shipped on march 5.

Best regards,
Kyoung Ku Hong

파킨슨 씨

2월 25일 전화로 주문하셔서 DHL로 배송될 예정이었던 책 12권이 아직 도착하지 않았다는 내용의 3월 8일자 편지를 받았습니다. 그러나 배송 기록을 확인한 결과 귀하의 주문은 3월 5일 발송된 것으로 확인되었습니다.

홍경구 배상

좋은 예

Dear Mr. Parkinson;

I have just checked with our shipping clerk and verified that your order for 12 books was shipped on March 5.

Best regards,
Kyoung Ku Hong

파킨슨 씨

발송 담당자에게 확인한 결과 주문하신 책 12권이 3월 5일 발송되었음을 확인했습니다.

홍경구 배상

나쁜 예는 상황이 자세히 묘사되어 있지만 문장이 장황하여 상황파악이 어렵습니다. 좋은 예가 원인과 결과를 간단명료하게 표현한 문장입니다.

제품 손상으로 교환을 요구하는 고객에게 보내는 답장입니다.

나쁜 예

It is possible, of course, that the damage occurred because of faulty packing. An even greater possibility is that the shipper was careless in storing the merchandise for safe shipment. In any event, we will do everything possible to ship a replacement this week.

잘못된 포장으로 인해 제품이 손상되었을 가능성이 있습니다. 배송인의 부주의에 의한 손상일 가능성도 매우 큽니다. 아무쪼록 이번 주 대체물품을 보낼 수 있도록 하겠습니다.

좋은 예

It is possible, of course, that the damage was the result of faulty packing. More likely, however, the carton was stored improperly by the shipper. In any event, we will try to send a replacement this week.

잘못된 포장으로 인해 제품이 손상되었을 가능성이 있습니다. 또한, 상품이 배송될 때 부주의하게 적재되었을 가능성도 있습니다. 아무쪼록 이번 주 대체물품을 보낼 수 있도록 하겠습니다.

나쁜 예에는 even greater, safe, do everything possible to 등의 불필요한 표현들이 많이 쓰였습니다. 형용사와 부사의 과다한 사용은 문장의 의미를 불분명하게 만듭니다.

Case 4

상대방이 요구한 약속어음 결제일 연장 건에 관한 답장입니다.

나쁜 예

With reference to your request for an extension on your promissory note under date of March 20, we have considered the matter carefully and are please to tell you that we will be allow you additional 90 days to make payment on your promissory note.

3월 20일, 약속어음 결제일 연장을 요청하신 것에 대하여 신중히 검토했습니다. 결제일을 90일 연장해드립니다.

좋은 예

We are pleased to allow you an additional 90 days to pay your note.

약속어음 결제일을 90일 연장해 드립니다.

나쁜 예는 With reference to와 같은 표현으로 격식을 차린 정중한 느낌이지만, 비즈니스에 필요한 간단명료함이 결여된 문장입니다.

Case 5

홍경구 씨는 닐슨 씨에게 연례 보고서를 요청하는 이메일을 보냈습니다.

나쁜 예

Dear Mr. Nielsen:

Please send me the latest annual report of Oracle. I have been following with great interest the growth of Oracle in recent years and I am eager to learn its involvement in SCM.

Sincerely,
Kyoung Ku Hong

닐슨 씨

오라클의 최신 연례 보고서를 보내주십시오. 저는 최근 오라클의 성장에 매우 흥미를 가지고 있으며, 공급망 관리의 연관성에 대해 배우고 싶은 마음이 간절합니다.

홍경구

좋은 예

Dear Mr. Nielsen:

Please send me your latest annual report.

Sincerely,
Kyoung Ku Hong

닐슨 씨

최신 연례 보고서를 보내주십시오.

홍경구

나쁜 예와 같이 개인적인 사정을 굳이 설명하지 않아도 연례 보고서를 보내줄 것입니다.

Unit 16 논지 전개의 효과적인 방법

Case 1

서울지사에 근무하는 로만 씨는 다음 주 동남아시아로 출장을 가게 되었습니다. 그래서 동료 이준상 씨는 그에게 이메일로 조언을 보냈습니다.

나쁜 예

Dear Mr. Roman:

I am writing in regard to the several notices during your stay in the South Asian countries.

You always should keep your eyes on your personal belongings. Also, please make sure to lock the door when you are away from your room in the hotel. Next, you had better not go out late in the evening. Especially, whenever strangers approach you, refuse their requests. Then, please bear in mind that you can pay travel expenses with our corporate credit card.

I hope that you will enjoy travelling in South Asian countries.

Best regards,
Joon Sang Lee

로만 씨

동남아시아에 머무는 동안 주의했으면 하는 사항이 몇 가지 있어 메일을 씁니다.

항상 당신의 소지품에서 눈을 떼지 마세요. 또한 호텔에서 외출할 때 반드시 문을 잠그세요. 다음으로 밤늦게는 외출하지 않는 편이 좋습니다. 특히 낯선 사람이 다가와 무언가를 요구하면 거절해야 합니다. 그리고 회사신용카드로 여행비용을 지불할 수 있다는 것을 기억하세요.

그럼 동남아시아에서 즐거운 여행하시기 바랍니다.

이준상 드림

> **좋은 예**

Dear Mr. Roman:

I would like to give you several pieces of advice in line with our corporate policy of during a stay in overseas countries.

First, you should always keep your eyes on your personal belongings. Second, please make sure to lock the door when you are away from your hotel room. Third, you had better not go out late in the evening. Forth, whenever strangers approach you, refuse their requests. Finally, please bear in mind that you can pay travel expenses with our corporate credit card.

I hope that you will enjoy travelling in South Asian countries.

Best regards,
Joon Sang Lee

로만 씨

회사의 방침에 따라 해외출장 중 주의할 사항에 대해 말씀드리고자 합니다.

첫째, 항상 당신의 소지품에서 눈을 떼지 마십시오. 둘째, 호텔에서 외출할 때 반드시 문을 잠그기 바랍니다. 셋째, 늦은 시간에는 외출하지 않는 것이 좋습니다. 넷째, 낯선 사람이 다가와 무언가 요구하면 거절하기 바랍니다. 끝으로, 회사 신용카드로 여행비용 지불이 가능하다는 것을 기억하시기 바랍니다.

동남아시아에서 즐거운 여행을 기원합니다.

이준상 드림

매끄러운 문장을 작성하기 위해 also, next, then 등을 구사해 논지를 전개해 나갈 필요가 있습니다. 혹은 first, second, third, finally를 효과적으로 사용해야 합니다. 단, firstly, secondly, thirdly는 어감이 그다지 좋지 않습니다.

first 대신 first of all이나 to begin with를 사용할 수 있지만, in the beginning이라는 표현은 '시작할 무렵'이라는 뜻이므로 사용할 수 없으며, at first는 '처음에는 ~라고 생각했지만 그렇지 않았다'라는 뉘앙스가 있으므로 '첫째로'라는 의미로 쓰일 수 없습니다.

ex At first, he looked caring and considerate, but turned out to be a warped man.
처음에 그는 다정하고 인정 많게 보였으나 성격이 비뚤어진 남자였습니다.

또한, in conclusion이라는 표현은 주로 학술논문에 사용되며 비즈니스 레터에서 사용되는 경우는 없습니다. after all은 '결국'이라는 의미이지만, '그 이전의 모습이나 상황과 달리 (결국은) ~이다'라는 뉘앙스가 있다는 것을 기억하기 바랍니다.

ex Richard Jones had low sales last quarter and fare poorly in his employee evaluation, but I do not think he should be fired. He is, after all, our ten-year sales leader.
리차드 존스는 지난 분기에 부진한 영업실적을 내고, 근무평가에서도 낮은 점수를 받았습니다. 그러나 그는 10년간 최고판매기록을 유지하고 있으므로 해고하면 안 된다고 생각합니다.

적극적인 태도로 좋은 인상을 주자!

Case 1

홍경구 씨는 스미스 씨가 주문한 가방의 재고가 없어 배송이 지연됨을 사과하는 이메일을 보냈습니다.

Dear Mr. Smith:

I am sorry that we are presently out of stock of black North west flight bags. And will be unable to fill your order at this time. An order has been placed with the manufacturer in the color you want, but will be at least ten days before we will receive shipment.

I trust this delay will not inconvenience you.

Sincerely,
Kyoung Ku Hong

스미스 씨

죄송합니다만 노스웨스트 검은색 항공여행가방은 현재 재고가 없으므로 주문에 응해드릴 수 없습니다. 손님께서 원하시는 색상의 가방을 공장에 주문했지만, 적어도 10일 후 배송될 것입니다.

불편을 끼쳐드려 죄송합니다.

홍경구 배상

> **좋은 예**

Dear Mr. Smith:

Thank you for ordering a black North West flight bag.

The color you chose proved to be very popular, and we quickly sold all we had in stock. However, we have placed a rush order for more and are promised delivery within ten days. Yours will be shipped the same day our new supply will arrive.

I know you will be delighted with this unique carry-on flight bag. It is not only handsome, but also incredibly rugged.

Sincerely,
Kyoung Ku Hong

스미스 씨

검은색 노스웨스트 항공여행가방을 주문해주셔서 감사합니다.

고객님께서 선택하신 색상은 아주 인기가 많아 현재 모두 팔려 재고가 없습니다. 하지만 급히 재주문했으며 10일 이내에 배송을 약속받았습니다. 폐사에 상품이 도착함과 동시에 즉시 고객님께 배송해드리겠습니다.

유일한 디자인의 여행가방에 만족하실 것입니다. 이 가방은 보기 좋을 뿐만 아니라 믿기 어려울 만큼 튼튼하기까지 합니다.

홍경구 배상

> 나쁜 예에 자주 쓰인 '재고가 없다', '물건을 보낼 수 없다', '적어도 10일은 걸린다' 등의 변명을 하는 듯한 문장은 고객에게 좋은 인상을 줄 수 없습니다. 반면 좋은 예에서는 고객의 입장에 서서 고객과 좋은 관계를 유지하려는 마음이 전해집니다.

홍경구 씨는 브라운 씨에게 배송일이 늦춰졌음을 알리는 이메일을 보냈습니다.

나쁜 예

Dear Mr. Brown:

We have your request for a copy of "Family Cooking with the Experts," which we have recently published.

We regret to say that this book is temporarily out of stock. A copy will, however, go forward promptly when a new supply is available. this should be approximately April 15.

Sincerely,
Kyoung Ku Hong

브라운 씨

최근 폐사에서 출간된 『전문가와 함께하는 가정요리』를 주문하셨습니다.

유감스럽게도 이 책은 현재 재고가 없습니다. 하지만 새로 공급받는 즉시 발송될 것입니다. 대략 4월 15일 즈음 발송 예정입니다.

홍경구 배상

좋은 예

Dear Mr. Brown:

Thank you for your interest in "Family Cooking with the Experts."

It seems that this exciting book is attracting a good deal more attention than we predicted, and at the moment there is not a single copy left. Naturally, we ordered a new printing before we ran out. We expect to receive by April 15. The copy will arrive at your home by April 20.

Sincerely,
Kyoung Ku Hong

브라운 씨

『전문가와 함께하는 가정요리』에 관심을 보여주셔서 감사합니다.

이 흥미로운 책은 우리가 상상한 것 이상으로 잘 판매되고 있으며, 현재 재고가 없습니다. 당연히 재고가 바닥나기 전 재판 인쇄를 주문했습니다. 4월 15일 입고될 예정이며 주문하신 책은 4월 20일까지 도착할 것입니다.

홍경구 배상

 좋은 예는 투철한 서비스정신으로 고객에게 적극적으로 대응한다는 느낌을 줍니다.

Case 3

홍경구 씨는 파손된 복사기를 배송한 데 대해서 윌슨 씨에게 사과하는 이메일을 보냈습니다.

나쁜 예

Dear Mr. Wilson:

Please return The EPSON compact copier #4321 claim arrive in a damaged condition. All shipping charges will be paid by us. The damaged copier is being replaced by another one.

Sincerely,
Kyoung Ku Hong

윌슨 씨

파손된 상태로 도착한 엡슨 콤팩트 복사기 4321번을 반송해주십시오. 모든 우송비용은 저희가 부담하겠습니다. 파손된 복사기는 새로운 제품으로 교체해 드리겠습니다.

홍경구 배상

좋은 예

Dear Mr. Wilson:

This afternoon I sent the replacement of EPSON compact copier #4321. You should have it by the time you receive this letter. We are very sorry the first shipment was damaged.

Thank you for your patience.

Sincerely,
Kyoung Ku Hong

윌슨 씨

금일 오후 교체된 엡슨 콤팩트 복사기 4321번을 보냈습니다. 이 편지를 받을 때쯤 물건이 도착할 것입니다. 파손된 제품을 배송하게 되어 대단히 죄송합니다.

홍경구 배상

나쁜 예가 좋은 예보다 서툰 느낌을 주는 이유는 명령조와 수동태의 나열로 인해 지나치게 사무적으로 작성되었기 때문입니다. 좋은 예의 경우 고객의 요구에 즉시 대응하는 모습이 엿보이며 잘못된 점에 대해 확실히 사과하고 있습니다. 좋은 예의 이메일을 받은 사람이 훨씬 좋은 인상을 받을 것입니다.

Unit 18 정중하게 말하자!

Case 1

이기홍 씨는 비어드 교수에게 선약으로 인해 초청에 응하지 못하는 데 대한 사과를 하고 대리인을 추천하는 이메일을 보냈습니다.

나쁜 예

Dear Professor Beard:

I regret that I will be unable to accept your invitation to speak at the N.Y. American Management Association Conference on April 18. Unfortunately, I will be in Seoul at that time.

If you would be willing to accept a substitute speaker, I am quite certain that Dr. Alan Palmer, New York State University would be available. If this proves to be an unsuitable recommendation, I am sorry for that.

Sincerely,
Ki Hong Lee

비어드 교수님

4월 18일 뉴욕에서 열리는 미국경영자회담에서 강연할 수 없는 것을 유감스럽게 생각합니다. 유감스럽게도 그때 저는 서울에 머물 예정입니다.

저를 대신해 강연할 사람이 필요하다면 뉴욕대학의 앨런 파머 박사가 출강할 수 있으리라 생각됩니다. 만약 적절한 추천이 아니라면 죄송합니다.

이기홍 배상

> 좋은 예

Dear Professor Beard:

Nothing would please me more than to give the keynote addresses at the N.Y. American Management Association Conference on April 18. Not only are educators and scholars my favorite audience, but also your theme is of special interest to me.

Several months ago, however, I made arrangements to attend the International management Seminar in Seoul and will be out of the country the first two weeks in April.

May I suggest in alternate? Dr. Alan Palmer, New York University is not only a well-known authority on Korean management systems, but also an excellent researcher about Asian business. I have discussed with him, and he showed much enthusiasm for it.

In any event, I wish for you the best conference AMC has ever had. I am really sorry to miss it.

Sincerely,
Ki Hong Lee

비어드 교수님

4월 18일 뉴욕에서 열릴 미국경영자회담의 기조연설을 하는 것보다 기쁜 일은 없을 것입니다. 청중이 교육자와 학자들이라는 사실 뿐만 아니라 제시된 연제도 제가 매우 흥미를 가지고 있는 분야입니다.

하지만 몇 개월 전부터 서울에서 열리는 국제 경영세미나에 참가 계획이 있으므로 저는 4월 2주간 외국에 머물게 되었습니다.

대리인을 추천해도 되겠습니까? 뉴욕대학의 앨런 파머 박사는 한국경영관리 분야에서 세계적으로 유명할 뿐만 아니라, 아시아 전반의 비즈니스에 관해서도 탁월한 연구자입니다. 그와 논의한 결과 강연에 대하여 매우 긍정적인 반응을 보였습니다.

아무쪼록 미국경영자회담의 성공을 기원합니다. 참가할 수 없게 되어 유감입니다.

이기홍 배상

나쁜 예는 아주 냉정한 답변으로 상대방의 회담은 중요하지 않게 생각하는 것처럼 보일 수 있습니다. 좋은 예는 상대의 입장을 충분히 고려한 정중한 거절방법입니다.

이기홍 씨는 데이빗 씨의 문의에 답변하는 이메일을 보냈습니다.

나쁜 예

Dear Mr. David:

New York Academy of Art is not a school. It is a private art museum. I am afraid we cannot help you.

Best regards,
Ki Hong Lee

데이빗 씨

저희 뉴욕 미술아카데미는 학교가 아닌 사립 미술관입니다. 도움을 드리지 못해 죄송합니다.

이기홍 배상

좋은 예

Dear Mr. David:

Thank you for asking about art education at New York Academy of Art.

Although our name does suggest that we offer art education courses, we are actually a private art museum.

There are, however, several reputable art school in new york metropolitan area that are accredited by the department of Education. A photocopy of the art schools section from the New York telephone directory is enclosed.

Sincerely,
Ki Hong Lee

데이빗 씨

뉴욕 미술아카데미의 미술 교육과정에 관한 문의에 감사 드립니다.

이름은 비록 미술 교육기관을 연상시키지만, 사실 사립 미술관입니다. 하지만 뉴욕에는 교육부에서 인가한 유명한 미술학교가 몇 군데 있습니다. 뉴욕 전화번호부의 미술학교 부분을 복사하여 동봉합니다.

이기홍 배상

나쁜 예는 지나치게 사무적인 딱딱한 문장입니다. 한편, 좋은 예는 친절하고 정중한 표현으로 읽는 이로 하여금 미술관을 방문하고 싶은 기분이 들게 합니다.

Part 3
프로페셔널한 비즈니스 이메일 작성법

Part 3에서는 더욱 효과적인 문장 작성법을 연습합니다. 한국어적인 발상 그대로 영어 문장을 작성하면 상대방으로부터 오해를 살 수 있습니다. 의미가 명확하고 간단명료한 문장을 쓰면 좋은 인상을 줄 수 있는 비즈니스 이메일이 자연스럽게 완성됩니다.

Unit 01 좋은 인상을 주는 문장을 완성하자
Unit 02 부주의로 인해 생기는 실수에 주의하자
Unit 03 정중한 표현을 지향하자
Unit 04 한국인들이 흔히 하는 문법적인 실수
Unit 05 문장은 최대한 간결 명료하게

Unit 01 좋은 인상을 주는 문장을 완성하자

강요하듯 말하지 말고 부드럽게 말하자

Case 1

Bad Do you hope that you are interested in reducing your time spent on downloading data?

데이터의 다운로드 시간 단축을 원하십니까?

Good Would you be interested in reducing your time spent on downloading data?

데이터의 다운로드 시간 단축에 관심 있으십니까?

Do you hope라는 직접적인 표현을 써서 '~을 원하십니까?'라고 묻는 것보다 Would you~? '~하시겠습니까?'로 시작하는 문장이 상대방에게 부드럽게 다가가 판촉 활동에 효과적입니다.

Case 2

Bad We would like you to choose your own model, and we will process your order.

저희는 손님이 제품을 고르시기 바라며, 주문을 처리해 드리겠습니다.

Good Simply choose your model and your own order can be processed.

간단히 제품을 고르시면 즉시 처리해 드립니다.

첫 번째 표현은 손님에게 제품 고르기를 강요하는 인상을 줄 수 있으므로 고객 자신이 스스로 마음에 드는 제품을 고르라는 표현이 더 좋습니다.

Case 3

Bad We allow a 15% discount to people paying in cash.

저희는 현금으로 지불하는 분들에게 15% 할인해드립니다.

Good If you pay in cash, you can get a 15% discount.

현금으로 지불하시면 15%를 할인받을 수 있습니다.

> 첫 번째 표현의 allow는 '~을 허락한다, ~의 혜택을 준다'라는 뉘앙스가 강한 반면 두 번째 표현은 '고객 스스로의 결정으로 이윤을 얻을 수 있다'라는 뉘앙스가 강합니다.

Case 4

Bad In your October 3 order, you neglected to specify the color of vinyl sheeting you require.

10월 3일 고객님이 주문하신 비닐 시트의 색상 지정을 하지 않으셨습니다.

Good Just let me know the color of vinyl sheeting you prefer, and I will send the materials immediately.

선호하는 비닐 시트의 색상을 알려주시면 즉시 배송해드리겠습니다.

> 첫 번째 문장은 '상품의 색상 지정을 안 했다'라며 고객을 책망하는 듯한 인상을 줍니다.

Case 5

Bad We suspect that you did not understand our discount terms.

당신이 우리의 할인조건을 이해하지 못했다고 생각합니다.

Good The terms of sales are described on the invoice we send you, and you overlooked them.

판매조건이 보내드린 청구서에 기입되어 있습니다만, 읽지 않으셨나 봅니다.

> 첫 번째 문장은 상대방을 무시하는 듯한 인상을 줍니다. 두 번째 문장은 상대방에게 잘못이 있지만 사정을 자세히 설명하는 부드러운 표현으로 의사를 전달하고 있습니다.

금액 청구는 간접적인 표현을 쓰자

Case 1

Bad We charge you for delivery less than what you might expect.
저희는 당신이 생각한 것보다 적은 배송료를 청구합니다.

Good You will pay less than what you might expect.
당신은 생각하신 것보다 적게 지불할 것입니다.

> We charge라는 표현을 쓰면 높은 위치에서 금액을 청구한다는 느낌을 줍니다. 따라서 You will pay라는 표현을 쓰는 것이 더 효과적인 광고 문구가 될 것입니다.

상대가 원하는 답변이 있다면 간결하게 바로 이야기해주자

Case 1 요구 처리에 관한 답변

Bad We are happy to respond your inquires quickly and efficiently.
저희는 당신의 문의사항을 신속히, 그리고 효과적으로 처리하고 있습니다.

Good Your inquires will be dealt with quickly and efficiently.
당신의 문의사항을 신속히 그리고 효과적으로 처리하겠습니다.

> 상대의 요구를 신속히 처리한다는 뜻을 전달할 때는 your inquire '당신의 문의사항'을 문장 제일 앞에 두는 것이 좋습니다.

Case 2 도착 시점에 대한 답변

Bad We will send the goods at your office within two weeks.

저희는 물건을 당신의 사무실로 2주일 내에 배송해드리겠습니다.

Good With in two weeks, your shipment will arrive at your office.

2주일 내로 물건이 당신의 사무실에 도착할 것입니다.

> 고객의 입장에서는 '언제 물건을 받을 수 있는지'가 가장 중요하므로 기간을 바로 언급하는 것이 신속함을 더 강조할 수 있습니다.

Case 3 문의에 대한 답변

Bad You obviously ignored the assembly instruction accompanying the equipment.

장비에 첨부되어있는 조립설명서를 읽지 않으셨군요.

Good The assembly instruction accompanying the equipment are very specific about proper installation. Did you receive not them?

올바른 설치방법에 대한 자세한 설명은 장비에 첨부되어있는 조립설명서에 있습니다. 그것을 못 받으셨나요?

> 상대방의 잘못을 질책하고 있는 첫 번째 문장은 비즈니스 이메일에 적당하지 않습니다.

지시하거나 꾸짖는 듯한 표현은 쓰지 말자

Case 1

Bad I would like you to finish this report by November 30.

저는 당신이 이 보고서를 11월 30일까지 끝내주기 바랍니다.

Good Please finish this report by November 30.

이 보고서를 11월 30일까지 끝내주십시오.

🖱 첫 번째 표현은 내 입장에서 '당신이 ~해주기를 바란다'는 식이 되므로 거만하게 업무를 지시하는 듯한 인상을 줍니다.

Case 2

Bad Your alibi for skipping the March payment on your promissory note confirms that your credit standing has been aggravating for a couple of months.

3월에 미결제된 약속어음에 관한 귀사의 변명은 최근 몇 개월간 귀사의 재무상태가 악화되고 있다는 것을 입증합니다.

Good Thank you for explaining why you did not make payment in March on your promissory note.

3월에 약속어음이 결제되지 않은 이유를 설명해주시면 감사하겠습니다.

🖱 첫 번째 문장은 꾸짖는 듯한 표현이므로 상대방을 상당히 불쾌하게 할 수 있습니다.

Case 3

Bad You should know by now that we need at least two week's lead time in filling orders for imported articles.

수입품 주문은 적어도 2주일의 준비기간이 소요됨을 아실 필요가 있습니다.

Good As indicated in our catalog, we need at least two weeks in filling orders for imported articles.

카탈로그에 명기된 대로 수입품 주문은 적어도 2주일의 준비기간이 필요합니다.

첫 번째 문장과 같은 명령조나 다그치는 듯한 표현의 사용은 자제해야 합니다.

축하할 때는 친근감 있게 하자

Case 1

Bad We wish you luck in the new job.

우리는 당신이 새로 시작하는 일의 성공을 기원합니다.

Good Good luck in your job.

새로운 일에 행운이 따르기를.

문장 전체를 갖추어 쓰지 않은 문장이 오히려 친근감 있어 보입니다.

Case 2

Bad You are to be congratulated on your promotion to the product manager.

생산부장으로 승진한 것을 축하합니다.

Good I am delighted to learn about your promotion to the product manager. Congratulations!

생산부장으로 승진했다는 소식을 듣게 되어 기쁩니다. 축하합니다!

첫 번째 문장은 축사를 보내는 사람이 마치 축하하기 싫어하는 것 같은 인상을 줍니다. learn about이라는 숙어는 '~에 관해 알게 되다'라는 뜻입니다.

소비자의 시점으로 광고하자

Case 1

Bad Now is the best time to buy our laptop computer.

지금이 바로 저희 랩톱 컴퓨터를 구입하기 좋은 때입니다.

Good Now is the best time to get your own laptop computer.

지금이 바로 당신만의 랩톱 컴퓨터를 구입하기 좋은 때입니다.

제품을 광고할 때는 '저희 랩톱 컴퓨터'라는 표현보다 '당신만의 랩톱 컴퓨터'라는 표현이, 즉 소비자의 시점에서 광고하는 것이 더욱 호소력 있게 들립니다.

Case 2

Bad You cannot charge above $1,000.

1,000달러 이상 (신용카드로) 구매하실 수 없습니다.

Good You can charge up to $1,000.

약 1,000달러까지 (신용카드로) 구매하실 수 있습니다.

부정문의 사용은 피하는 것이 좋습니다.

사과는 정중하게 하자

Case 1

Bad I am sorry my report is late.

보고서가 늦어서 죄송합니다.

Good I am sorry to keep you waiting for this report.

보고서를 기다리게 해서 죄송합니다.

첫 번째 문장은 사과는 하고 있지만 성의가 없다는 느낌을 줍니다. 상대방의 입장에서 상황을 바라본 뒤의 문장이 좋습니다. 더욱 정중한 문장으로는 I am sorry to have kept you waiting for this report.가 있습니다.

Case 2

Bad Your complaint about the quality of paper used in the forms we supplied you is regrettable.

저희가 제공하는 종이 품질에 불만이 있으신 것에 대해 유감스럽게 생각합니다.

Good I am sorry that the quality of paper in the forms we supplied you was not up to your expectation.

저희가 제공하고 있는 종이 품질이 고객님의 기대에 미치지 못해 죄송합니다.

> 두 번째 문장에서는 '고객의 기대에 미치지 못하여 죄송하다'라는 반응을 보인 반면, 첫 번째 문장에서는 '당신의 불만이 유감이다'라는 표현을 사용하여 고객에 대한 서비스정신을 의심하게 합니다.

감사 표현은 상세하게 하자

Case 1

Bad Your presentation at the workshop was very enjoyable, provocative, and valuable.

연구회에서의 당신의 프레젠테이션은 재미있고 자극적이며 가치 있는 것이었습니다.

Good We certainly enjoyed your presentation at the workshop. I found it very provocative and valuable.

연구회에서 당신의 프레젠테이션을 즐겁게 들었습니다. 저는 그것이 매우 자극적이고 가치 있었다고 생각합니다.

> 상세하고 정확하게 표현할 때 글쓴이의 감동이 더욱 잘 전달됩니다.

설득하는 표현은 이성적으로 하자

Case 1

Bad Quite frankly, I am surprised at your insinuation.

솔직히 말해 당신의 아부에 놀랐습니다.

Good Of course, I cannot claim that we are infallible, but let me explain how this problem came about.

물론 저희 측의 잘못이 전혀 없다고 주장할 수 없지만, 문제발생의 원인에 대해 설명할 기회를 주셨으면 합니다.

첫 번째 문장은 너무 솔직해서 적의가 느껴지는 반면, 두 번째 문장은 이성적인 대응을 하고 있으며 자세한 설명을 제안하고 있습니다.

Case 2

Bad I dispute your assertion that the merchandise we sent was inferior.

배송된 제품의 품질이 열등하다는 당신의 주장을 받아들일 수 없습니다.

Good Please look at the specifications on page 321 of our catalog. I believe you will agree that the shirts you received match them.

폐사의 카탈로그 321페이지의 설명을 보시기 바랍니다. 구입하신 셔츠는 그것들과 동일 품목임을 인정하실 겁니다.

두 번째 문장은 구체적인 사실을 설명하여 냉정하게 대처하고 있습니다.

독촉 및 거절 표현은 부드럽게 하자

Case 1

Bad Surely you do not expect us to violate the company policy by extending six month credit terms to you.

결제기한을 6개월 더 연장하는 것은 폐사의 방침에 위배됩니다.

Good You will remember that we allowed you four months to pay for your October 23 order which is the maximum permitted under standard policy.

10월 23일 주문하신 물건의 결제일을 4개월 연장해드린 것이 폐사의 방침에 위배되지 않는 한도에서 최선입니다.

두 번째 문장이 상대에게 결제일이 다가오고 있음을 부드럽게 전달합니다.

Case 2

Bad We do not hold reservations after 10 P.M.

오후 10시 이후의 예약은 받지 않습니다.

Good We hold reservations until 10 P.M.

오후 10시까지 예약을 받습니다.

첫 번째 문장처럼 부정문으로 만들지 않아도 얼마든지 의미를 전달할 수 있습니다. 영문 이메일에는 가능한 한 부정문의 사용을 피하는 것이 좋습니다.

Case 3

Bad We do not deliver on weekends.

주말에는 배달하지 않습니다.

Good We deliver every weekday.

모든 평일에 배달 가능합니다.

> 긍정문은 고객에게 친절한 인상을 줄 수 있습니다.

Case 4

Bad If you had read our advertisement carefully, you would have seen that at least a year's field experience is required for sales representatives.

광고를 주의 깊게 읽으셨다면, 영업부 대리직은 적어도 1년의 업계 경력을 필요로 한다는 것을 아실 겁니다.

Good As noted in our ad, at least a year's field experience is necessary for sales representatives.

광고에 명시되어 있듯이 영업부 대리직은 적어도 1년의 업계 경력이 필수입니다.

> 이 글은 입사지원자에게 보내는 이메일의 일부입니다. 첫 번째 문장은 상대방이 오해한 것을 지적하고 깔보는 듯한 인상을 줍니다.

Unit 02 부주의로 인해 생기는 실수에 주의하자

이메일의 서두로 올바른 표현은 무엇일까?

Case 1

Bad Dear Mr. John Smith :

Good Dear Mr. Smith:

비즈니스 이메일에서 수신자의 이름을 쓸 필요가 없습니다. 첫 번째 표현의 경우에는 John을 삭제해야 합니다. 물론 부하직원이나 동료, 또는 개인적으로 친밀한 관계라면 Dear John:이라고 하는 것도 나쁘지 않지만, Mr. John이라는 표현은 쓰지 않으므로 주의하기 바랍니다.

이메일의 끝맺음으로 적당한 표현은 무엇일까?

Case 1 격식을 차린 이메일

Bad Sincerely Yours,

Good Sincerely yours,

yours의 첫머리는 소문자로 표기합니다.

Case 2 가까운 사이에 보내는 이메일

Bad Sincerely,

Good Regards,

sincerely는 한국어로 '경구, 배상'에 해당되는 격식을 갖춘 표현인 반면, 가까운 사람에게는 '안녕히'라는 의미의 regards를 사용합니다.

주소, 날짜 표기법

Case 1 미국식 날짜 표기법

Bad 20 August, 2012

Good August 20, 2012

🖱 첫 번째 표현은 영국, 호주, 뉴질랜드의 표기법입니다.

Case 2 영국식 날짜 표기법(영국에 보내는 편지에 표기한 날짜 2012년 3월 2일로 올바른 것)

Bad 3/2 2012

Good 2/3 2012

🖱 날짜 표기에서 실수를 범하면 상대방이 크게 오해할 수도 있습니다. 영국식 날짜 표기는 영연방국가인 호주, 뉴질랜드 등에서 사용합니다. 실수를 피하는 좋은 방법으로는 달을 나타낼 때 숫자가 아닌 March, April 등으로 표기하는 방법이 있습니다.

Case 3 미국식 날짜 표기법(8월 5일 오후 3시에 판매부장 박선우 씨가 귀사를 방문할 예정입니다)

Bad Sun Woo Park, the sales manager will be visiting your company at 3 P.M. on August 5.

Good The sales manager, Mr. Sun Woo Park will be visiting your company on August 5 at 3 P.M.

🖱 날짜 표기는 [on+월, 일, at+시간]의 순서로 합니다. 해외거래처를 방문하기 전에 회사에 보내는 이메일에는 상대방이 성별을 알 수 있도록 Mr.나 Ms.를 붙이는 것이 좋으며, 이러한 경우 [직책+이름]의 순서로 씁니다.

Case 4 미국식 주소 표기법

Bad
Atlanta, Georgia 222222
4420 Peach Tree Ave., Suite 1
Attn: Ms. Margot E. Cooper
Jackson & Ferns Associates
Dear Ms. Cooper:

Good
Jackson & Ferns Associates
Attn: Ms. Margot E. Cooper
4420 Peach Tree Ave., Suite 1
Atlanta, Georgia 222222
Dear Ms. Cooper:

회사명, 거리 이름, 주, 국가 순으로 주소를 표기합니다.

올바른 전치사 사용하기

Case 1

Bad the difference of the goods, the change of the sales trend, the shift of the new managerial climate, the increase of the attendants, and the decrease of the attendants.

Good **the difference in the goods, the change in the sales trend, the shift in the new managerial climate, the increase in the attendants, and the decrease in the attendants.**

한국어로 해석하면 '~의 차이, ~의 변화, ~의 추이, ~의 상승, ~의 하강'이라는 표현이므로 of가 정답이라고 착각할 수 있습니다. 그러나 difference, chance, shift, increase, decrease는 반드시 전치사 in을 취합니다.

올바른 문장 서식

Case 1

Bad Our terms are as follow :

Good Our terms are as follows :

> 문법적으로 be동사가 복수형 are이므로 as에 이어지는 follow에 s가 필요 없다고 생각하기 쉽지만, s를 수반한 follows가 올바른 표현입니다.

Case 2

Bad I am working at the Manufacturing division, Seoul steel trading Co. Ltd.

Good I am working at the Manufacturing Division, Seoul Steel Trading Co. Ltd.

> 부서명, 회사명의 첫 머리글자는 대문자로 표기합니다.

Case 3 수신인 표기(정선우 씨 댁 케네스 브라운 씨)

Bad Sun Woo Jung C/O Mr. Kenneth Brown

Good Mr. Kenneth Brown C/O Mr. Sun Woo Jung

> C/O 뒤에도 반드시 Mr. Mrs. Ms.를 붙입니다. C/O는 Care of의 약자로 수신자가 다른 사람의 집에 머물고 있을 때 사용하는 주소 표기방법입니다.

정중하게 표현하기

Case 1

Bad They can't be expected to meet the deadline.

Good They cannot be expected to meet the deadline.

> 정중한 영문 표현에서는 부정문을 is not → isn't, will not → won't 등의 형태로 줄여 쓰는 것을 피해야 합니다.

관련 용어 알아두기

Case 1

① Attachment : 첨부파일
② Deleted items : 삭제된 파일
③ Indecipherable Korean characters : 판독 불가능한 한글 글자
④ Forward : 전달
⑤ BCC : 숨은 참조
⑥ CC : 참조

> CC는 Carbon Copy의 약자입니다. 예를 들어 메시지를 수신했을 때 자신의 이름이 CC 란에 있으면 누군가 같은 메일을 읽고 있다는 것을 의미합니다. BCC는 Build Carbon Copy의 약자로, 수신자가 본인 이외에 누구에게 송신되었는지 알 수 없습니다.

Unit 03 정중한 표현을 지향하자

구어체와 비즈니스 이메일 구분하기

Case 1

Bad But, I heard that you disagree with our proposal.
그러나 저는 당신이 저희 제안에 동의하지 않는다고 들었습니다.

Good However, I understand that you disagree with our proposal.
하지만 저는 당신이 우리의 제안에 동의하지 않는 것을 이해합니다.

> 일반적으로 비즈니스 이메일에는 구어체의 친밀한 단어인 but, so 등을 사용하지 않습니다.

Case 2

Bad There is little possibility I can get permission.
허가받을 가능성이 아주 적습니다.

Good There is only a slight possibility I can obtain permission.
허가받을 가능성은 아주 희박합니다.

> 비즈니스 이메일에 사용하기 적절한 단어는 obtain입니다. acquire도 같은 의미로 사용할 수 있습니다.

Case 3

Bad As you are aware, the products you ordered will be reached at your office tomorrow.

아시는 바와 같이, 주문하신 물건이 내일 사무실에 도착할 것입니다.

Good As you know, the products you ordered will arrive at your office tomorrow.

아시는 바와 같이, 주문하신 물건이 내일 사무실에 도착할 것입니다.

arrive at이라는 표현이 reach보다 능동적인 자세로 상황에 대처한다는 인상을 줍니다.

요구, 부탁하기

Case 1

Bad Also, we require your sales record for the last two months.

그리고 우리는 당신의 지난 2개월간의 판매기록을 요구합니다.

Good And I need your sales records for the last two months.

그리고 저는 당신의 지난 2개월간의 판매기록을 필요로 합니다.

need는 '~을 필요로 하다'라는 의미이며, require는 '~을 요구하다'라는 의미이므로 뒤의 문장이 더 부드러운 표현의 문장입니다.

Case 2

Bad We would like to ask you to send the latest brochure.

최신판 팸플릿을 보내주실 것을 부탁합니다.

Good We would like to request that you send the latest brochure.

최신판 팸플릿을 보내주실 것을 요청합니다.

> 같은 요구의 표현이지만 **request**는 정중함이 느껴지는 반면, **ask**는 구어체이며 격식을 차리지 않은 표현입니다.

Case 3

Bad We could be grateful if you would mail us a copy of your company brochure.

귀사의 팸플릿 1부를 보내주시면 감사하겠습니다.

Good We would be grateful if you could mail us a copy of your company brochure.

귀사의 팸플릿 1부를 보내주시면 감사하겠습니다.

> 정중히 의뢰하거나 부탁하는 상황에서는 의뢰하는 곳에 **would**를, 의뢰받는 곳에 **could**를 사용합니다.

허락, 허가하기

Case 1

Bad I will make you do the job.

그 일에 착수하도록 해드리겠습니다.

Good I will let you do the job.

그 일에 착수하는 것을 허가합니다.

'~시키다, ~하게 하다'라는 의미의 동사는 make, have, get, let의 네 가지가 있습니다. 두 번째 문장처럼 상대의 요청을 허가하는 경우에는 동사 let을 사용합니다.

제안, 추천하기

Case 1

Bad May I demand that Mr. Smith be promoted to the vice president in the meeting?

회의에서 스미스 씨의 부사장 승진을 요구해도 될까요?

Good May I proposed that Mr. Smith be promoted to the vice president in the meeting?

회의에서 스미스 씨의 부사장 승진을 제안해도 될까요?

demand는 명령조로 들릴 수 있습니다. 또한, demand는 [demand+O+to do]의 형식으로 사용할 수 없으며 I demand that you (should) do it immediately. '즉시 그 일에 착수할 것을 요구합니다.'와 같은 형식으로 문장을 만들어야 합니다.

Case 2

Bad Do not hesitate to ask any questions.

주저하지 말고 어떤 질문이라도 해주세요.

Good Please feel free to ask any questions.

자유롭게 질문해주세요.

'주저하지 말고 ~해주세요'라는 표현보다 '자유롭게 ~해주세요'라는 표현이 더욱 일반적으로 쓰이는 문장입니다.

Case 3

Bad You don't have to ask me any questions while you are busy working.

일하느라 바쁘시면 제게 아무것도 묻지 않으셔도 됩니다.

Good If there is anything I can do to help you with your English, please contact me.

영어에 관해서 제가 도와드릴 일이 있다면 언제든 연락주세요.

두 번째 문장은 '질문이 있을 때 언제라도 질문하세요'라며 상대방을 배려하는 능동적인 문장입니다.

지시 및 보고하기

Case 1

Bad You should get this task finished by the end of this month.
이달 말까지 작업을 완료하는 게 좋을 것입니다.

Good You are expected to get this task finished by the end of this month.
이달 말까지 작업을 완료해주시기 바랍니다.

> be expected to, be requested to, be required to의 순서로 의뢰하는 문장에서 명령조의 문장으로 뉘앙스가 바뀝니다.

Case 2

Bad Let me give you the report to you tomorrow.
내일 보고서를 드리겠습니다.

Good Let me submit the report to you tomorrow.
내일 보고서를 제출하겠습니다.

> submit '~을 제출하다'는 대학에서 과제를 제출하거나 상급기관에 서류 등을 제출하는 경우에 사용합니다. 그 밖의 문장으로는 Let me turn in the report to you.라는 표현이 있지만 정중한 표현이 아니므로 윗사람이나 직장 상사에게 사용하는 것은 피해야 합니다.

사과하기

Case 1

Bad I am sorry for the delay in answering your fax.
팩스에 대한 회답이 늦어져 미안합니다.

Good I apologize for the delay in answering your fax.
팩스에 대한 회답이 늦어진 것에 대해 사과드립니다.

sorry보다 더욱 정중한 사과표현인 apologize를 사용한 두 번째 문장이 더 바람직합니다.

소견 표현하기

Case 1

Bad I think that the project should be finished pretty soon.
프로젝트는 곧 완료될 것이라 생각합니다.

Good I believe that the project should be finished very shortly.
프로젝트는 곧 완료될 것이라 생각합니다.

두 문장 모두 같은 의미이지만, 첫 번째 문장은 정중하지 못한 표현이므로 비즈니스 이메일에서는 사용하지 않는 것이 좋습니다.

Case 2

Bad Your sales situation will not improve unless you contact a consultant.

당신이 컨설턴트를 만나보지 않는 한 판매량은 증가하지 않을 것입니다.

Good Your sales situation will improve if you contact a consultant.

당신이 컨설턴트를 만나본다면 판매량은 향상될 것입니다.

첫 번째 문장은 '~하지 않는 한 ~할 수 없다'라는 부정적인 의미의 문장입니다.

Case 3

Bad You should motivate yourself to study hard. Otherwise, I cannot help improve your English.

자신을 자극해서 열심히 공부하세요. 그렇지 않으면 저는 당신의 영어실력을 향상시킬 수 없습니다.

Good I can help improve your English if you should motivate yourself to study hard.

당신이 자진해서 열심히 공부하면 저는 당신의 영어능력을 향상시킬 수 있습니다.

첫 번째 문장은 otherwise '만약 ~다면'을 사용했기 때문에 상대방에게 부담을 줄 수 있습니다.

거래 총액 확인하기

Case 1

Bad Please check the turnover for this month.

이달의 거래총액을 확인 바랍니다.

Good Please confirm the turnover for this month.

이달의 거래총액을 확인 바랍니다.

> 이 문제 역시 두 문장 모두 동일한 의미로 해석됩니다. 무언가를 확인하거나 검증할 때는 check보다 정중한 표현인 confirm을 사용합니다.

감사 표현하기

Case 1

Bad Thank you for your help.

도와주셔서 감사합니다.

Good Thank you for your cooperation.

협조해주셔서 감사합니다.

> help보다 cooperation이 더욱 정중하고 격식을 차린 표현입니다.

Case 2

Bad Thanks a lot for your help.

도와줘서 정말 고마워.

Good Thank you very much for your cooperation[assistance].

당신의 협조에 감사드립니다.

절친한 친구사이라면 첫 번째 문장도 무리 없이 사용할 수 있지만, 격식을 차린 정중한 표현으로는 뒤의 문장이 알맞습니다.

반대, 거절하기

Case 1

Bad Don't worry about the problem.

그 문제는 걱정하지 마세요.

Good Do not be concerned with the problem.

그 문제는 염려 마십시오.

첫 번째 문장은 구어체 표현입니다.

Case 2

Bad We cannot receive any check except on a cash basis.

현금 이외에 수표는 받지 않습니다.

Good It is our policy to receive on a cash basis.

현금으로 받는 것이 저희 방침입니다.

첫 번째 문장은 "우리는 어떠한 수표도 받지 않습니다. 오직 현금만 내세요."라고 말하는 것 같아 손님에게 불친절한 인상을 주는 문장입니다.

Case 3

Bad I won't object your proposal if it is feasible.

당신의 제안이 실행 가능하다면 반대하지 않겠습니다.

Good I wouldn't object your proposal if it was feasible.

당신의 제안이 실행 가능했더라면 반대하지 않았을 것입니다.

첫 번째 문장은 가정법 과거 문장으로 '당신의 제안이 실행 불가능하기 때문에 반대했습니다.'라고 해석됩니다. 영문 이메일로 반대나 거절의 입장을 완곡히 표현하고 싶을 때 would/could를 사용하여 가정법을 씁니다. 또 I could agree you.로 '찬성할 수도 있었지만 반대한다.'라는 표현을 할 수 있습니다. 그 예로 남성이 Will you marry me? '결혼해줄래?'라고 청혼했을 때 여성이 Yes, I would. '그럴 수도 있겠네.'라는 대답으로 완곡히 거절하는 표현이 있습니다.

정중하게 예약하기

Case 1

Bad Won't you set up an appointment?

예약해주지 않을래요?

Good Could you kindly set up an appointment?

예약을 해주시겠습니까?

첫 번째 문장은 가까운 친구나 동료에게 사용할 수 있는 구어체 표현입니다.

Case 3

Bad I would like to meet you on August 20, at 3 P.M.

8월 20일 오후 3시에 만나고 싶습니다.

Good I would like to meet with you on August 20, at 3 P.M.

8월 20일 오후 3시에 면회를 요청합니다.

> meet와 달리 meet with는 공식적으로 면회를 요청할 때 사용되는 표현입니다.

Case 4

Bad I will visit your factory at around 4 P.M.

오후 4시경 공장을 방문하겠습니다.

Good I am going to visit your factory at 4 P.M.

오후 4시에 공장을 방문할 예정입니다.

> be going to는 이미 예정된 계획을 말할 때 사용하는 반면, will은 확실히 정해지지 않은 상태에서 갑작스럽게 결정된 계획이나 막연한 미래를 나타낼 때 쓰입니다. I am going to talk with the general manager tomorrow.는 '내일 본부장과 이야기할 예정이다.'라는 의미로 이미 일정에 포함되어있는 상태를 나타냅니다.
> 한편, will의 경우 I will go to the head office tomorrow.는 '내일 본사에 가겠다.'라는 의미로 지금 막 결정한 의사를 표현하는 문장입니다.

광고, 선전하기

Case 1

Bad We cannot discount anymore.

더 이상의 할인은 불가능합니다.

Good Our quotation of this time is the best effort we can make.

이 견적이 우리가 제안할 수 있는 최저 할인가격입니다.

> 두 번째 문장은 상대방의 기분을 상하지 않게 하면서 할인이 더 이상 불가능하다는 것을 알리는 표현입니다.

고객 응대하기

Case 1

Bad Please tell me what is wrong with the goods.

물건의 어떤 부분이 문제인지 말씀해주세요.

Good Please tell me why the goods are unacceptable.

물건이 마음에 안 드는 이유를 말씀해주세요.

> What is wrong with~라는 표현은 '~가 마음에 안 든다, ~가 나쁘다'라는 부정적인 의미의 구어체입니다. 비즈니스 이메일에 사용하기 적절하지 않습니다.

Unit 04 한국인들이 흔히 하는 문법적인 실수

대시(-)의 사용법

Case 1 이 노란색 립스틱은 저희 상점에서 가장 인기 있는 제품입니다.

Bad This lipstick (the yellowish version) is the most popular in our shop.

Good This lipstick - the yellowish version - is the most popular in our shop.

> 대시(-)는 그 사이에 있는 단어(군)를 강조하고, 괄호는 앞의 단어를 보충 설명하는 기능을 합니다. 선전 문구에는 괄호보다 대시를 사용하는 것이 효과적입니다.

Case 2 가장 가벼운 이 디지털 카메라를 사고 싶습니다.

Bad I would like to buy this digital camera - the lightest model -.

Good I would like to buy this digital camera - the lightest model.

> model 뒤에 대시는 불필요합니다.

Case 3 그녀는 스물일곱 살입니다.

Bad She is twenty seven years old.

Good She is twenty-seven years old.

> twenty와 seven 사이에 하이픈을 삽입해야 합니다. 참고로 '그녀는 27세의 학생입니다.'라는 문장은 She is a twenty-seven year old student. 입니다.

간접의문문

Case 1 왜 그가 거기에 다녀왔는지 물어본 것입니다.

Bad I asked why he has been there?

Good I asked why he has been there.

위 문장은 간접의문문이기 때문에 물음표가 불필요합니다.

Case 2 월요일에 시간 되십니까?

Bad I wonder if you are convenient on Monday.

Good I wonder if it is convenient for you on Monday.

부주의로 인한 오류입니다. [사람+be동사+convenient]라는 형식의 문장은 존재하지 않습니다.

연대 구분하기

Case 1 ISO 9000은 1990년대에 저희 회사에 도입되었습니다.

Bad ISO 9000 was introduced to our company in the 90s.

Good ISO 9000 was introduced to our company in the 1990s.

90s라는 표현이 문법적 오류는 아니지만 90s는 90대(아흔 살 대)를 의미하므로 상대방이 혼동할 수 있습니다.

~부터 ~까지

Case 1 이 텔레비전 프로그램은 1998년부터 1999년에 걸쳐 방영되었습니다.

Bad This TV program was on the air for 1998~1999.

Good This TV program was on the air from 1998 to 1999.

> 한국인이 실수하기 쉬운 표현입니다. 영어에는 ~를 사용한 1998~1999라는 표현이 없습니다.

시간, 날짜 표현하기

Case 1 연설은 밤 8시에 시작됩니다.

Bad The address starts at 8:00 P.M. in the evening.

Good The address starts at 8:00 P.M.

> 8:00 P.M.으로 연설이 시작되는 시간이 저녁이라는 것을 알 수 있으므로 in the evening은 필요치 않습니다.

Case 2 비디오 게임 박람회가 2012년 8월 5일에 열립니다.

Bad The video game exposition will be held on 2012, August 5.

Good The video game exposition will be held on August 5, 2012.

> 미국식 영어의 날짜 표기는 월, 일, 연도의 순서로 합니다.

Case 3 오늘 저녁 7시 30분에 만날까요?

Bad Would you meet with me at 7 o'clock 30 minutes this evening?

Good Would you meet with me at 7:30 P.M.?

o'clock은 '~시'를 나타낼 때 이외에는 사용되지 않습니다. '몇 시 몇 분'이라고 시각을 나타낼 때 오전 3시는 3:00 A.M.이나 3 A.M.으로, 오후 5시 25분은 5:25 P.M.으로 표기합니다. 또한, 오후 3시의 경우 3:00 P.M.이나 3 P.M.으로 표기하며 3 P.M., 3.p.m., 3:p.m. 등의 표기는 옳지 못한 표기입니다.

구인, 구직하기

Case 1 이번 주 일요일에 일할 아르바이트를 찾고 있습니다.

Bad We are looking for an arbeit this Sunday.

Good We are looking for a part-time worker this Sunday.

영어에 아르바이트라는 단어는 존재하지 않습니다. 아르바이트는 일본에서 사용되다가 우리나라에 전해진 독일어입니다.

소개하기

Case 1 미스터 박은 이 대학의 교수진입니다.

Bad Mr. Park is a teaching staff at this university.

Good Mr. Park is a member of our teaching staff.

staff는 보통 member와 함께 쓰여 a member of staff라고 표현됩니다.

부탁, 요구하기

Case 1 여기 사인해 주시겠어요?

Bad Could you please write your sign here?

Good Could you please write your signature here?

> sign은 '서명하다'라는 의미의 동사로 Would you sign here?라는 문장은 성립될 수 있습니다. 첫 번째 문장의 경우 동사 sign 대신 명사 signature가 와야 합니다.

Case 2 저는 회의석상에서 2, 3일간의 휴가를 요청했습니다.

Bad I demanded a few days off from work in the meeting.

Good I requested a few days off from work.

> demand는 명령조로 요구한다는 뉘앙스가 강합니다. 위 상황에서는 정중히 부탁, 요청한다는 뜻을 가진 request를 사용하는 것이 좋습니다.

Case 3 333-3333번으로 전화 주십시오.

Bad Please call my number of 333-3333.

Good Please call me at 333-3333.

> '333-3333번으로 전화 주십시오.'라는 표현의 번호 앞에는 전치사 at을 붙입니다.

Case 4 저희 회사를 방문하실 때 2011년도 연례 보고서를 가져오시기 바랍니다.

Bad Please bring the 2011 annual report when you will visit us.

Good Please bring the 2011 annual report when you visit us.

보통 when 뒤에 미래형이 오는 경우는 없습니다.
ex We would like to consider investing in your company when Korean economy recovers.
한국의 경기가 회복되면 귀사에 투자를 고려하겠습니다.

Case 5 귀사의 브로슈어를 보내주시면 감사하겠습니다.

Bad I would appreciate if you could send me your company brochure.

Good I would appreciate it if you could send me your company brochure.

appreciate 뒤에는 반드시 it이 따라옵니다.

Case 6 영수증 사본을 보내주시겠어요?

Bad Could you send us a copy of receipt?

Good Could you send us a copy of the receipt?

a copy of the는 '~의 복사본'이라는 뜻입니다. a copy of 뒤에는 정관사 the를 붙입니다.

급여 표현하기

Case 1 제 급여는 매우 적습니다.

Bad My salary is very cheap.

Good My salary is very law.

> 토익에 자주 출제되는 문장입니다. cheap은 가격, low는 급여, 임금 등이 낮다는 표현을 할 때 사용됩니다. 참고로 '그는 키가 작다.'라는 표현은 He is short.입니다.

한국식 표현 자제하기

Case 1 우리 한국인은 불황을 겪고 있습니다.

Bad We Korean are experiencing a recession.

Good Korean are experiencing a recession.

> 한국인은 '우리 한국인은~'이나 '우리 ABC 물산~'처럼 '우리'를 자주 사용하는 경향이 있습니다. 이러한 표현은 상대방에게 거만한 느낌을 주므로 사용을 피하는 것이 좋습니다.

상대방의 성별을 모를 때

Case 1 각 부서장은 비서를 회의에 참가시키십시오.

Bad Each manager should have his secretary attend the meeting.

Good Each manager should have his/her secretary attend the meeting.

> 각 부서장의 성별이 확실치 않으므로 his/her라고 표기해야 합니다.

성격 표현하기

Case 1 탐은 매우 고분고분한 사원입니다.

Bad Tom is a very obedient employee.

Good Tom takes advices very well.

obedient는 단순히 명령에 순종, 복종하는 수동적인 사람을 의미하는 형용사입니다. 위의 경우에는 충고나 조언을 잘 받아들인다는 뜻으로 take advice를 사용하는 것이 좋습니다.

Case 2 사장은 남을 잘 돌봐주고 인정도 많기 때문에 비서들은 그를 좋아합니다.

Bad The secretaries like their president, because he is a caring and considerate person.

Good The secretaries like their president because he is a caring and considerate person.

접속사로 문장이 시작되면 문장 맨 끝에 콤마가 들어가지만, 접속사가 문장의 중간에 있으면 앞 문장 끝 부분에 콤마를 넣지 않습니다.

ex While Mr. Brown was busy responding to many claims, Mr. Smith was chatting with his girlfriend on the phone.
브라운 씨가 고객의 요구 건으로 바쁘게 일하고 있었던 반면, 스미스 씨는 그의 여자친구와 전화로 수다를 떨고 있었습니다.

while은 '~하는 동안에'로 흔히 번역되지만, 엄밀히 말해 '~하는 반면'으로 대비를 강조할 때 사용되는 접속사입니다.

상사에게 혼날 때

Case 1 상사는 지각했다는 이유로 나를 꾸짖었다.

Bad My boss scolded me for being late.

Good My boss reprimanded me for being late in the meeting.

> reprimand는 '질책, 견책하다'라는 의미입니다. scold는 주로 어린아이를 꾸짖거나 잔소리할 때 쓰는 표현입니다.

일을 그만둘 때

Case 1 그는 파트타임으로 하던 일을 그만두었습니다.

Bad He retired from his part-time job.

Good He quit from his part-time job.

> retire는 정년퇴직을 하는 경우에만 쓰입니다. 아르바이트나 직장을 그만둔다는 표현은 quit으로 합니다.

메일 수신

Case 1 저는 어제 많은 이메일을 받았습니다.

Bad I received many e-mails yesterday.

Good I received a lot of e-mail yesterday.

> e-mail은 불가산명사로 취급하기 때문에 many 대신 a lot of를 사용합니다.

감사 표현하기

Case 1 대단히 감사합니다.

Bad I appreciate you very much.

Good I appreciate your cooperation.

> appreciate 뒤에는 appreciate your hospital이나 appreciate your kindness처럼 목적격 뒤에 명사를 취해야 합니다.

~님 귀하

Case 1 스미스 님 귀하

Bad Attention Mr. Smith

Good Attention Mr. James Smith

> attention '~귀하'의 경우에는 반드시 성과 이름 모두 표기합니다.

해고 관련 표현

Case 1 거의 모든 사원들이 해고될 예정입니다.

Bad Almost employees are to be laid off.

Good Most employees are to be laid off.

> almost는 부사이므로 명사를 수식할 수 없습니다. 또 [most of+명사]의 경우에는 Most of the workers are to be reshuffled. '거의 모든 사원들이 이동할 예정이다.'처럼 of와 명사 사이에 the가 필요합니다.

도구 및 수단 표현

Case 1 DHL로 이 샘플을 보낼 계획입니다.

Bad I will send this samples in DHL.

Good I will send these samples with[by] DHL.

도구는 with, 수단은 by를 전치사로 취합니다.

ex I managed to observe a small insect with[by] the microscope.
현미경으로 작은 곤충을 관찰하는 데 성공했다.

Case 2 제 차로 본사 현관에 당신을 마중 나갈까요?

Bad Would you let me pick you up by my car at the entrance of the head office?

Good Would you allow me to pick you up in my car at the entrance of the head office?

I am going to go sightseeing in Incheon by car. '자동차를 타고 인천을 관광할 예정이다.'처럼 보통 car 앞에는 전치사 by를 취하지만, car 앞에 소유격이 있는 경우 in my car가 됩니다.

적절한 단어 사용하기

Case 1 매일 판매량을 기록하는 것이 좋습니다.

Bad You should record sales amount everyday.

Good You should record sales amounts every day.

everyday는 '매일의'라는 뜻의 형용사이기 때문에 위의 경우에는 every day라고 표기해야합니다.

Case 2 회사의 지원으로 운영되는 스포츠클럽이 폐쇄되든 안 되든 경영위원회에서 큰 문젯거리가 될 것입니다.

Bad Whether or not the financially company-aided sports clubs should be abolished will become a big problem in the management committee.

Good Whether or not the financially company-aided sports clubs should be shut down will be a major issue for the management committee.

회의석상에서 토론의 대상이 되는 문제는 problem이 아닌 issue로 표현합니다. whether or not의 not은 생략할 수 있습니다.

Unit 05 문장은 최대한 간결 명료하게

주의, 요구 사항 전달하기

Case 1

Bad To complete your application, we will need to know your address and telephone number, date and place of birth, and the name and phone of current employer.

당신의 지원접수를 처리하기 위해 주소, 전화번호, 생년월일과 출생지, 현재 고용자 명과 전화번호가 필요합니다.

Good To complete your application, we will need to know the following information.
1. address
2. telephone number
3. date of birth
4. place of birth
5. the name of current employer
6. the phone of current employer

당신의 지원접수를 처리하기 위해 아래의 정보가 필요합니다.
1. 주소
2. 전화번호
3. 생년월일
4. 출생지
5. 현재 고용자 명
6. 현재 고용자의 전화번호

첫 번째 문장은 서술형으로 작성되어 상대에게 필요한 목록을 정확하게 전달하기 어렵습니다. 주의할 사항이나 요구한 서류 등을 열거할 때는 항목별로 나누어 나열하는 것이 원칙입니다.

Case 2

Bad Completion of the task should be accomplished by tomorrow.

작업의 완료가 내일까지 이루어지는 것이 좋습니다.

Good You should complete the task by tomorrow.

내일까지 작업을 완료해주십시오.

첫 번째 문장은 completion과 accomplish 같은 비슷한 의미의 단어가 여러 번 사용되어 장황한 느낌을 줍니다.

Case 3

Bad The information contained in this report, which has not been available previously because of proprietary concerns, remains confidential and should be filed in a secure area.

이 보고서의 정보는 전매특허에 관련된 이전에 사용할 수 없었던 비밀문서이므로 안전한 장소에 보관되어야 합니다.

Good This confidential report contains proprietary information which was not previously available. Please file the report in a secure area.

이 비문은 이전에 사용할 수 없었던 전매특허에 관련된 정보를 포함하고 있습니다. 안전한 장소에 보관해주십시오.

문장이 길어질 경우 두 개의 문장으로 나누면 의미가 명백해집니다.

Case 4

Bad You need to bring the revised contract, the presentation materials, and sixteen copies of your own report. It is urgent.

개정된 계약서, 프레젠테이션 자료, 개인 보고서 사본 16매를 가져오십시오. 긴급 상황입니다.

Good You urgently need to bring the revised contracts, the presentation materials, and sixteen copies of your own report.

긴급히 개정된 계약서, 프레젠테이션 자료, 그리고 개인 보고서 사본 16매를 가져오십시오.

긴급함을 강조하는 문장에는 두 번째 문장과 같이 urgently를 문장 맨 앞에 두는 것이 좋습니다.

Case 5

Bad The job description for senior sales manager does not meet the guideline as discussed in the meeting.

상급 판매관리자의 직무규정은 회의에서 토의된 지침에 어긋납니다.

Good The job description for senior sales manager must be written to conform the guideline we discussed in the meeting.

상급 판매관리자의 직무규정은 회의에서 토의된 지침에 기준하여 기술되어야 합니다.

첫 번째 문장에는 지침에 어긋난다는 지적뿐, 해결책이 제시되어있지 않습니다.

Case 6

Bad It is requested that this machine not be used for making personal copies.

이 기계를 개인적인 용도로 사용하지 마십시오.

Good **This machine is for business only.**

이 기계를 업무의 용도로만 사용해주십시오.

사무실에서 눈에 띄며, 읽고 바로 이해할 수 있는 표현은 두 번째 문장입니다.

Case 7

Bad Please determine whether we are responsible for this accident.

이 사고의 책임이 우리에게 있는지 여부를 밝혀주십시오.

Good **Are we responsible for this accident? Please let me know.**

이 사고의 책임이 우리에게 있습니까? 알려주시기 바랍니다.

두 번째 문장이 직설적으로 책임의 소재를 묻는 문장입니다.

주어 일치시키기

Case 1

Bad Detailed instructions are enclosed, and it will be done in a few hours.

상세한 설명서를 동봉하였으며, 두세 시간 안에 마칠 수 있을 것입니다.

Good Detailed instructions are enclosed, and they will help you do the job in a few hours.

상세한 설명서를 동봉하였으며, 이것이 두세 시간 안에 일을 마치는 데 도움이 될 것입니다.

> 문맥상 관련이 있는 문장들의 주어를 일치시키는 것을 패러렐리즘(parallelism)이라고 합니다. 두 번째 문장의 경우 앞뒤 문장의 주어가 일치하는 반면, 첫 번째 문장은 it이 가리키는 것이 무엇인지 상대방을 혼동하게 할 수 있습니다.

Case 2

Bad First turn on the computer, and then you should decide which program to use.

먼저 컴퓨터를 켜고 사용할 프로그램을 결정하는 것이 좋습니다.

Good First turn on the computer, and then decide which program to use.

먼저 컴퓨터를 켜고 사용할 프로그램을 결정하십시오.

> 이것도 패러렐리즘에 관한 문제입니다. 무언가를 지시하는 문장의 경우 각 문장의 주어를 일치시켜 일관성 있게 작성합니다.

통보, 공지하기

Case 1

Bad On October 1, we shipped your order of September 24 by express freight, and you should be receiving it within a few days.

10월 1일, 귀사의 9월 24일자 주문을 속달로 발송했습니다. 며칠 이내에 받으실 수 있을 것입니다.

Good **We shipped your order of September 24 by express freight today, and it should arrive at your office in a few days.**

귀사의 9월 24일분 주문을 오늘 속달로 발송했습니다. 며칠 이내에 사무실에 도착할 것입니다.

arrive '도착하다'와 receive '받다' 중 위와 같은 상황에서는 arrive가 사용됩니다. 이메일에는 송신일이 자동적으로 기입되기 때문에 날짜를 일일이 쓸 필요 없습니다.

Case 2

Bad A feasibility study must be conducted by the marketing staff.

실현 가능성에 대한 조사는 반드시 영업사원에 의해 이루어져야 합니다.

Good **The marketing staff must conduct a feasibility study.**

영업사원은 실현 가능성에 대한 조사를 반드시 해야 합니다.

누가 어떤 일에 책임을 지고 무엇을 해야 하는지를 표현하는 문장에는 수동태의 사용을 피하고, 전달하고자 하는 내용을 명확히 해야 합니다.

Case 3

Bad Confusion was created among us by the conflicting evidence.

상반되는 증거로 인해 우리에게 혼란이 생겼습니다.

Good We were confused by the conflicting evidence.

우리는 상반되는 증거로 인해 혼란에 빠졌습니다.

confuse라는 동사만을 사용한 두 번째 문장이 간결한 문체입니다.

Case 4

Bad Revision of the prospectus has been made to remove outdated provisions.

투자정보는 개정되었으며, 시대에 뒤떨어진 규정은 폐지되었습니다.

Good We have revised the prospectus to remove outdated provisions.

시대에 뒤떨어진 규정이 폐지될 수 있도록 투자정보를 개정하였습니다.

첫 번째 문장은 동사 made를 사용한 수동태 문장으로 관료주의적인 답답한 느낌을 줍니다.

Case 5

Bad As per your instruction, the hood ornaments are being sent by air express.

귀하의 설명서에 따라 덮개 달린 장식이 항공 속달우편으로 보내지고 있습니다.

Good I have sent by hood ornaments by air express, and they will arrive at your office tomorrow.

제가 항공 속달우편으로 덮개 달린 장식을 발송하였으며, 내일 귀하의 사무실로 도착할 예정입니다.

첫 번째 문장에서는 발송 책임자의 소재를 확인할 수 없습니다. '누가 누구에게 무엇을' 발송하는지 간결하게 명시한 두 번째 문장이 정답입니다.

견해 표명하기

Case 1

Bad Classification of these items must vary according to their prices.

품목의 분류는 가격에 따라 반드시 변화가 있어야 합니다.

Good These items must be classified by their prices.

이 품목들은 반드시 가격에 따라 분류되어야 합니다.

두 문장의 의미에 큰 차이는 없지만 첫 번째 문장은 적절하지 않은 동사를 사용했기 때문에 문장이 간결하지 않습니다.

Case 2

Bad The work counters are creamy beige in color and coordinate with appliances.

작업용 카운터는 크림 같은 베이지색으로 기구와 잘 어울립니다.

Good The beige work counters coordinate with the appliances.

베이지색 작업용 카운터는 기구와 잘 어울립니다.

첫 번째 문장의 The work counters are creamy beige in color를 두 번째 문장에서는 The beige work counters로 간결하게 표현했습니다.

Case 3

Bad Mr. Brown does not seem able to have the personal authority required for this position.

브라운 씨에게는 직책에 필요한 권위가 없어 보입니다.

Good Mr. Brown lacks the personal authority for this position.

브라운 씨는 직책에 필요한 권위가 결여되었습니다.

> 첫 번째 문장처럼 문장에 **seem**을 사용하면 추상적인 문장이 되어 의미가 애매모호해집니다.

Case 4

Bad It is important that we examine the future implications of merging these departments.

이 부서들을 합병했을 때 예상되는 영향에 대하여 검토하는 것이 중요합니다.

Good We must examine the future implications of merging these departments.

이 부서들을 합병했을 때 예상되는 영향에 대하여 반드시 검토해야 합니다.

> 첫 번째 문장의 **It is important**를 두 번째 문장의 **must** 한 단어로 표현할 수 있습니다.

약속시간 정하기

Case 1

Bad I will try to call you next week to see if we can find a convenient time to get together.

만나기 편한 날을 정하기 위해 다음 주에 전화 드리겠습니다.

Good I will call you next week to see when we can get together.

언제 만날 수 있을지 다음 주에 전화 드리겠습니다.

첫 번째 문장은 필요 없는 긴 문장의 사용으로 명확한 의미전달을 어렵게 합니다. 반면, 두 번째 문장의 when 이하는 첫 번째 문장의 if we can find a convenient time to get together를 내포합니다.

사과하기

Case 1

Bad Replying to your October 16 communication, please accept our apologies for any inconvenience caused by the mistake which we made in filling your last purchase order.

10월 16일자 편지의 회신입니다. 지난번 귀하의 구매 주문에 대한 저희의 실수로 폐를 끼쳐드린 데 대한 사과를 받아주시기 바랍니다.

Good Thank you for your October 16 letter pointing out our mistake in filling your last order.

지난번 귀하의 주문에 대한 저희의 실수를 10월 16일자 편지로 지적해주신 데 대해 감사드립니다.

첫 번째 문장은 한 문장에 분사구문, 과거분사, 관계대명사 모두를 사용함으로써 문장을 필요 이상으로 길게 만들었습니다.

이유 설명하기

Case 1

Bad Due to the fact that we had trouble finding a part of this machine you requested,

요구하신 기계의 부품을 찾는데 문제가 생겼으므로,

Good We had trouble finding a part of this machine you requested. therefore...

요구하신 기계의 부품을 찾는 일에 어려움이 있었습니다. 그러므로...

첫 번째 문장의 Due to the fact는 관료적, 학술적인 표현입니다. 두 번째 문장의 맨 끝에 있는 '...'는 일립시스(ellipsis)로 문장이 중단됨을 나타내며, 보통 점 세 개로 표현합니다.

Case 2

Bad The reason why Mr. Smith resigned was due to the fact he was sick.

스미스 씨가 사직한 이유는 병에 걸렸기 때문입니다.

Good Mr. Smith resigned because of illness.

스미스 씨는 병 때문에 사직했습니다.

문장의 의미는 크게 다르지 않지만, 첫 번째 문장처럼 굳이 관계부사를 사용하지 않아도 간결하게 표현할 수 있습니다.

사실적으로 표현하기

Case 1

Bad In today's society, uncertainty is something we all fear.
현대 사회에서 불확실성은 우리 모두가 두려워하는 것입니다.

Good We all fear uncertainty.
우리 모두가 불확실성을 두려워합니다.

첫 번째 문장은 산문적 표현이므로 비즈니스 이메일에 적당하지 않습니다.

Case 2

Bad The main order of business was taken under discussion before a vote was taken on the four proposals.
네 가지 제안에 대한 투표를 하기 전에 주요 사업 지시에 관하여 토의했습니다.

Good We discuss the main order of business and then voted on the four proposals.
주요 사업 지시에 관하여 토의한 후 네 가지 제안에 대한 투표를 했습니다.

첫 번째 문장처럼 수동태를 연속적으로 사용하면 문장의 의미가 완곡히 표현되어 명료한 문장과 거리가 멀어집니다.

Case 3

Bad The computer is not working properly.

컴퓨터가 제대로 작동되지 않습니다.

Good The computer freezes when I hit the shift key.

시프트키를 치면 컴퓨터가 멈춰버립니다.

문장이 짧은 첫 번째 문장이 올바른 문장이라고 착각할 수 있지만, 적절한 문장은 두 번째 문장입니다. 그 이유는 제품의 문제점을 상세히 서술해야 하기 때문입니다. 그렇지 않으면 컴퓨터의 어느 부분이 문제인지 알 수 없습니다. 참고로 **properly**는 '제대로, 올바르게'라는 뜻입니다.

Case 4

Bad Some parts remain in stock.

몇 가지 부품은 재고가 있습니다.

Good Twenty parts remain in stock.

20가지 부품들의 재고가 있습니다.

무엇이 얼마나 남았는지 구체적인 수량을 제시하는 것이 좋습니다.

예정, 일정 표현하기

Case 1

Bad Before summer vacation, we will be interviewing individuals who are qualified to serve as external directors.

여름휴가 이전, 사외 이사로 자격이 있는 사람들의 면접을 할 예정입니다.

Good **We will be interviewing during coming weeks before summer vacation individual who are qualified to serve as external directors.**

여름휴가 전, 한 주 동안 사외 이사로 자격이 있는 사람들의 면접을 할 예정입니다.

일시가 중요한 문장은 일시를 문장 맨 앞에 오도록 합니다.

Case 2

Bad A one-day English writing skills workshop will be planned by the committee.

영작문 1일 연수회는 위원회에 의해 계획될 것입니다.

Good **The committee will plan a one-day English workshop.**

위원회는 영작문 1일 연수회를 계획할 예정입니다.

능동태인 두 번째 문장이 위원회가 연수회를 계획한다는 내용을 명확히 전달하고 있습니다.

Case 3

Bad The budget which I am submitting will clarify my philosophy.

제가 제출하는 예산안은 저의 생각을 구체화할 것입니다.

Good I am submitting the budget to clarify my philosophy.

저의 생각을 구체화하기 위해 이 예산안을 제출합니다.

첫 번째 문장과 같이 문장에 관계대명사를 사용하면 간결함과 거리가 먼 문장이 됩니다.

Case 4

Bad Kindly let me know if December 17 meets with your approval.

12월 17일이 괜찮으신지 알려주시기 바랍니다.

Good Is December 17 a good time for us to meet?

12월 17일 괜찮으시겠어요?

두 문장 모두 해석은 다르지만 의미하는 내용은 같습니다. 두 번째 문장이 짧고 간결합니다.

Case 5

Bad I will send it in the near future.

가까운 시일 내에 보내드리겠습니다.

Good I will send it on Friday.

금요일에 보내드리겠습니다.

비즈니스 이메일에는 정확한 날짜와 요일을 기재하는 것이 좋습니다.

부탁하기

Case 1

Bad The terms of the contract are not clear to me. Please advise.

계약조건을 명확히 이해하지 못했습니다. 조언을 부탁드립니다.

Good Please explain paragraph 7 on page 2 of the contract.

계약서 2페이지 7항에 대한 자세한 설명을 부탁드립니다.

두 번째 문장과 같이 이해가 가지 않는 부분을 구체적으로 제시하는 것이 좋습니다.

Case 2

Bad Please let me hear from you at your earliest convenience.

가능한 한 빠른 연락 부탁드립니다.

Good I really need this information by May 16.

5월 16일까지 이 자료가 꼭 필요합니다.

두 번째 문장과 같이 구체적인 날짜를 제시하는 것이 좋습니다.

답변하기

Case 1

Bad Attached herewith is the information you requested on Solomon Brothers.

귀하가 요구하신 솔로몬 브라더스의 정보를 첨부하였습니다.

Good Here is the information on Solomon Brothers.

솔로몬 브라더스의 정보입니다.

> 문의에 대한 답변은 간결한 문장이 요구됩니다. 보통 information에는 관사가 필요 없지만, 쌍방이 그 information에 대해 알고 있는 경우 정관사를 붙입니다.

판촉하기

Case 1

Bad I hope you will avail of the opportunity to save 20% on all your cardboard containers.

20% 할인가에 종이상자를 구입할 수 있는 기회를 놓치지 마십시오.

Good I believe you will agree that a 20% saving on your cardboard containers represents big money.

20% 할인된 가격으로 종이상자를 구입하는 것이 큰 이득이라는 것을 아실 겁니다.

> 두 번째 문장은 believe를 사용하여 제품에 대한 자신감을 표현하며, 첫 번째 문장의 avail of the opportunity보다 간단한 agree를 사용하여 문장을 간결하게 하고 있습니다. 또한, big money라는 표현으로 저렴한 가격을 강조하고 있습니다.

결제 청구하기

Case 1

Bad According to our records, there is an outstanding balance of $322.76 in your account.

저희 기록에 따르면 322달러 76센트가 아직 미결제상태입니다.

Good Your check for $322.76 will clear your account.

322달러 76센트 수표로 결제해주십시오.

두 문장 모두 해석은 다르지만 의미하는 내용은 같습니다. 좋은 문장을 쓰는 방법은 문장을 효율적으로 짧게 만드는 것입니다. 또한, 센트를 나타낼 때는 달러와 센트 사이에 마침표를 찍습니다. 예를 들어 412달러 30센트는 $412.30으로 표기합니다.

Case 2

Bad We are writing to tell you that we are shortly going to send the invoice to you.

곧 청구서가 발송될 예정이라는 것을 알려드리기 위해 이메일을 보냅니다.

Good We are writing about the invoice #345 dated on July 4.

7월 4일자 345번 청구서에 관해 이메일 드립니다.

정확한 날짜를 기재하는 것이 좋습니다. 두 번째 문장이 간결하며 의미전달이 명확합니다.

참고 문헌

- Blumenthal, Lassor A. The art of letter writing, A Perigee Book, 1977.
- Bond, Alan. Over 300 Successful Business Letters For All Occasions, Barron's, 1998.
- Booher, Diana. To the Letter, Lexington Books, 1988.
- Booher, Diana. Great Personal Letters, McGraw Hill, 1997.
- CNN English Express, 2000.
- Fruehing, Rosemary T. and N.B. Oldham, Write to the Point, McGraw Hill, 1988.
- Geffner, Andrea B. How to Write Better Business Letters, Barrons's, 2000.
- Greenberg, Allan C. Memos from the Chairman, Workman Publishing, 1996.
- Heller, Bernard. The 100 Most Difficult Business Letters, Harper Business, 1994.
- Kliment, Stephen A. Writing for Design Professionals, W.W. Norton & Company, 1998.
- Lamb, Sandra E. How to Write it, Ten Speed Press, 1998.
- McCarthy Margaret. Letter Writing Made Easy, Santa Monica Press, 1995.
- May, Debra Hart. Everybody Letters for Busy People, Career Press, 1998.
- Phiilips, Ellen. Shocked, Appalled, and Dismayed, Vintage Books, 1999.
- Piotrowski, Maryann V. Effective Business Writing, Harper Perennial, 1996.
- Poe, Poy W. Hand Book of Business Letters, McGraw Hill, 1994.
- Roman, Kenneth and Joel Raphaelson, Writing That Works, Harper Collins, 2000.
- Stein, Donna B. and Floyd Kemske, Write on Target, NTC Business Books, 1997.
- Stuckey, Marty. The Basic of Business Writing, American Management Association, 1992.
- Whalley, Susan. How to Write Powerful Letters of Recommendation, Educational Media Corporation, 1999.
- Wienbroer, Diana R., Elaine Hughes, and Jay Silverman, Rules of Thumb for Business Writers, McGraw Hill, 2000.
- Wood, John. How to Write Attention-Grabbing Query & Cover Letters, Writer's Digest Books, 1996.
- Zinsser, William. On Writing Well, Harper Collins, 2000.